Helga Widmann

Freimaurerinnen in Deutschland

Woher sie kommen – Wer sie sind – Was sie wollen

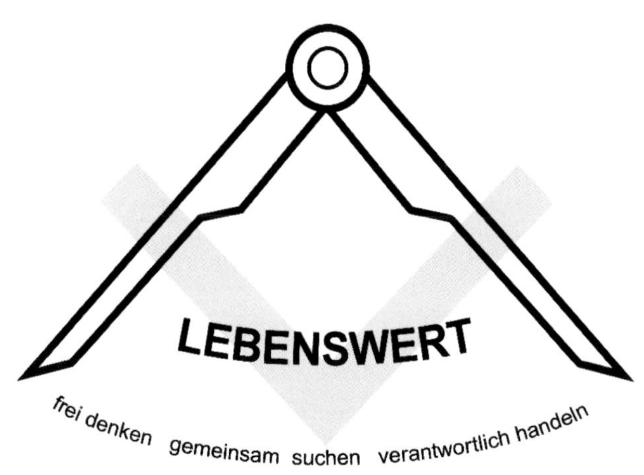

Band II

ISBN 978-3-96285-050-0

1. Auflage 2022
Copyright @ by Salier Verlag, Leipzig
Alle Rechte vorbehalten. All rights reserved.

Titelbild: hw (cdr)
Herstellung: Salier Verlag, Bosestr. 5, 04109 Leipzig
Printed in the E. U.

Inhaltsverzeichnis

Vorwort

Wenn es ein Wort gibt, das die freimaurerischen Aktivitäten von den Baulogen ab dem 14. Jh. über die bunte Logenwelt des 18. Jh. hinweg bis in die Gegenwart erfasst, dann ist das der Begriff des Netzwerks. Unabhängig von konkreten Gegebenheiten darf man sich dabei das Bild eines Gewebes vorstellen, in dem ständig neue Formen und Strukturen entstehen. Ständig knüpft und löst sich etwas. Die menschlichen Akteure bemühen sich um ein Beziehungsmanagement, sie versorgen sich ständig gegenseitig mit Erzählungen, Deutungen und Dingen und müssen mehr oder weniger friedlich die Kräfteverhältnisse untereinander regeln.

Unabhängig davon, ob es sich um eine Clique, einen Verein oder eine Organisation handelt, gehören das Aufeinandertreffen von Ereignissen und Begegnungen, Gründungsakte, Festigung des Bestehenden, aber auch Erneuerung, Überschreitung und Auflösung zu den komplexen Prozessen des Netzwerks. Selbst große und stabile Institutionen besitzen keine Garanten für Dauerhaftigkeit.
Die Geschichte der Freimaurerei ist dafür ein klassisches Beispiel. Die Konstitutionen der mittelalterlichen Baugilden in England sprechen mit größter Selbstverständlichkeit von „Schwestern und Brüdern“, im 18. Jh. entwickelt sich die Freimaurerei zum Männerbund, in Frankreich arbeiten einige Frauen in sogenannten Adoptionslogen. Erst seit Ende des zweiten Weltkriegs gibt es unabhängige Frauen-Großlogen. Und auch sie können eines Tages nur als Zwischenstationen gesehen werden, deren Weiterentwicklung dem Zufall, keiner vorherbestimmten Genealogie geschuldet ist.
Die Umbrüche des 21. Jh. werden andere Forderungen stellen und es ist heute nicht abzusehen, inwieweit es der Freimaurerei, insbesondere den Freimaurerinnen gelingen wird, ein Ort der Debatte, des Nachdenkens, des Überprüfen und Änderns von Meinungen aufgrund neuer Erkenntnisse zu sein, sich nicht hinter "vorgefertigtem"

Denken zu verstecken, sondern ständiges Hinterfragen auf der Suche nach Erkenntnis zu praktizieren.

Die nun inzwischen fünfte Generation von Freimaurerinnen in Deutschland kann stolz sein auf ihre Gründungsschwestern und jene Pionierarbeit, die im weiteren Verlauf viele verfestigte und irreführende Vorstellungen überwunden und zu dem Konstrukt einer Großloge geführt hat, das man jetzt im 21. Jh. als Frauen-Großloge von Deutschland vorfindet. Auch wenn Fragen der Regularität und der Relevanz noch offen sind.

Die Reflexion von Werten, der Austausch zwischen Generationen und Kulturen, das Erproben der geistigen Werkzeuge und die Mitwirkung an einer aufgeklärten Gesellschaft, ist immer ein Projekt für die Zukunft.

Helga Widmann

I Die Entwicklung der femininen Freimaurerei in Deutschland[1]

Der Anfang

Am 1. Juli 1949 brachte der dpd-Europadienst folgende Meldung:

> *„Als erste deutsche weibliche freimaurerische Gesellschaft wurde am Donnerstag im Logenhaus Berlin-Wilmersdorf der Zirkel ‚Zur Humanität' gegründet. Der Großmeister der Freimaurergroßloge ‚Zu den Alten Pflichten', Rüdiger, bezeichnete dies als*
>
> ***ein Novum in der Geschichte der Freimaurerei."***

Drei Großmeister, zwei Großbeamte und vier Stuhlmeister hatten den Gründungsakt durchgeführt und den Frauenzirkel, der sich damals noch ‚Kapitel' nannte, in Arbeit gesetzt.

Die ursprüngliche Idee, diesen Zirkel für die Ehefrauen der Brüder einzurichten, war schon im Vorfeld geändert worden. Zu wenige hatten ihr Interesse bekundet, zu groß war der Widerstand in den eigenen Reihen. Eine Pressemeldung über das Vorhaben brachte jedoch großes Echo interessierter Frauen aus der Öffentlichkeit.[2] Wenige Wochen zuvor, im Mai 1949, war das Grundgesetz in Kraft getreten, in dem die Gleichberechtigung von Mann und Frau festgeschrieben wurde. Wenige Tage zuvor, am 19. Juni 1949, schlossen sich die bislang auf Landesbasis beschränkten Arbeitsgemeinschaften und Groß-

[1] Es handelt sich im folgenden Text um eine verkürzte und auf das Gesamtthema angepasste Fassung des Beitrags von Monika Lanik und Helga Widmann im QC Jahrbuch 2005.

[2] Vgl. Puttkamer, Christa von: Gründung und Entwicklung unseres Bundes 1949-61 (Teil I). Unveröffentlichtes Manuskript, Berlin o.D., S. 2.

logen in Deutschland zur „Vereinigten Großloge der Freimauer von Deutschland“ zusammen – auf der Grundlage der „Alten Pflichten von 1723“:

> *„Die als Mitglieder einer Loge aufgenommenen Personen müssen gute und aufrichtige Männer sein, von freier Geburt, in reifem und gesetztem Alter, keine Leibeigenen, keine Frauen, keine sittenlosen und übel beleumdeten Menschen, sondern nur solche von gutem Ruf.“*[3]

Rückblickend gesehen, war es sozusagen in letzter Sekunde gelungen, den Gründungsakt einer Arbeitsgemeinschaft für freimaurerisch interessierte Frauen zu vollziehen. Denn obwohl Frauen von nun an zwar in der Gesellschaft absolut gleichberechtigt sein sollten, galt das jedoch (und gilt bis heute) nach den traditionellen Gesetzen der sogenannten regulären Freimaurerei nicht innerhalb derselben.

Die Presse der 50er-Jahre greift indes Frauenlogen als „Novum“ begierig auf. Wie das folgende Beispiel zeigt, werden die Freimaurerinnen als kleine Sensation präsentiert. Man würdigt mit solchen Berichten auch das große Engagement der Frauen in der Nachkriegszeit.

> *„Auf Einladung der seit vier Jahren im Verborgenen wirkenden Großen Frauenloge von Deutschland*[4] *überzeugten wir uns als erste Reporter, dass Bruder Goethes Logenmotto: ‚Edel sei der Mensch, hilfreich und gut‘ auch heute noch gültig ist.“ („Münchner Illustrierte“ in einem Bildbericht vom 29.12.1956.)*

---

[3] Die Alten Pflichten von 1723. Bauhütten Verlag, Bonn 1989.

[4] Es handelt sich hier um eine 1956 vom Zirkel „Zur Humanität“ abgespalteten Loge.

Intern geht es um Sein oder Nichtsein, schreibt Christa von Puttkamer:

> *1952 „(...) war der damalige Großmeister der Vereinigten Großlogen von Deutschland, Theodor Vogel, zugegen. Er fand anerkennende Worte für unsere Arbeit, wurde später aber einer unserer stärksten und gefährlichsten Gegner.“*[5]

Als die Brüder in diesem Zusammenhang tatsächlich kurze Zeit später den Schwestern die Anweisung schickten, den Zirkel zu schließen, war es allerdings schon zu spät. Mit der klugen Entscheidung der Frauen, eigenmächtig einen Verein zu gründen, eine korrekte Satzung zu erstellen und als Verein die Eintragung in das Vereinsregister vornehmen zu lassen, war die angehende Frauenloge ein zweites Mal um Haaresbreite gerettet. Als Verein war die Gruppe eine vollrechtsfähige „juristische Person“[6] und das Anliegen der Brüder somit gegenstandslos.

Wie sehr sich Freimaurerbrüder auf der anderen Seite aber auch für die Gründung der Frauengruppe stark machten, lässt sich 1955 im Protokoll der neu gegründeten Vereinigten Großloge „*Zu den Alten Pflichten*“ in Berlin nachlesen. Dort wird nachdrücklich festgehalten, dass der Frauenzirkel „Zur Humanität“ seit 1949 *„unter ihrem Schutz arbeite“!*[7]

Welch eine Ironie des Schicksals, dass gerade die beschützende Großloge ausgerechnet jenen Namen des Gesetzwerkes trägt, das eigentlich den Ausschluss der Frauen aus der Freimaurerei verlangt!

Auch aus den Gedächtnisprotokollen, Briefen und Gesprächen mit den Gründungsschwestern der ersten Frauenloge geht hervor, dass es immer wieder Brüder Freimaurer gab, die den Frauen eine Nische einräumen wollten. Allerdings, so muss man es gerechterweise sehen, engagierten sie sich, weil das bisherige Konzept der Bruder-

---

[5] Puttkamer, Christa von, a.a.O. o.D., I, S. 3.

[6] Definition Verein: https://de.wikipedia.org/wiki/Verein#Eingetragener_Verein [2021-05]

[7] Ebd. S. 14.

Ehefrau, verstanden von den Brüdern als „Schwester", die sozusagen über ihren Gatten als „mitinitiiert" galt, nicht mehr überzeugend war. Um glaubwürdig zu sein im Anspruch auf Toleranz, Brüderlichkeit und allumfassende Menschenliebe, durfte man ja nicht einer Hälfte der Menschheit die Mitarbeit verwehren.
Br. August Horneffer schrieb deshalb schon kurz nach dem Zweiten Weltkrieg:

> *„Darüber, wie es im Jahrbuch des Vereins deutscher Freimaurer von 1919 steht, denken wir heute anders. (...) so glauben wir doch, dass ein Weg gefunden werden kann und muss, um die Frauen direkt an der freimaurerischen Arbeit zu beteiligen. (...) Die Frage ist nur, wie man lebensfähige Frauenlogen organisieren soll."*[8]

Trotz aller Unterstützung gelang es dem zu jener Zeit amtierenden Großmeister Theodor Vogel aber schließlich doch, den Frauen von 1959 bis 1960 die Nutzung des Ritualraums zu verweigern. Einige der Brüder, die ihr Wort gegeben hatten, lebten nicht mehr, und das genügte, das einst gegebene Versprechen zu ignorieren. Man behauptete plötzlich, die Anwesenheit von Frauen „entweihe" den „Tempel"[9] und die Regularität der VGLvD sei gefährdet.
Christa von Puttkamer schreibt:

> *„Der Schock unter den Schwestern war so groß, dass wir mit Deckungen rechnen mussten. Aber – die Kette hielt auch dieses Mal. Wir bauten unseren Tempel im Goethesaal auf, und die Arbeiten gingen ohne Unterbrechung weiter."*[10]

---

[8] Horneffer, August, zitiert durch Prof. Dr. Werner Zimmer in seinem Vortrag: Brauchen wir Logen für Frauen? Unveröffentl. Manuskript, Darmstadt 2000.

[9] Ebd. S. 18.

[10] Ebd. S. 18.

An dieser Stelle wird bereits deutlich, dass sich die Freimaurerinnen der ersten Stunde nicht von äußeren Bedingungen abhängig machten. Sie hatten verstanden, dass „der Tempel“ ein Sinnbild ist und überall dort entstehen kann, wo sich Freimaurerinnen und Freimaurer zur Arbeit zusammenfinden, d.h. in *jedem* geschützten Raum.

Es war rückblickend eine bizarre Mischung und Vorgehensweise, aus der in Deutschland die Idee und Verwirklichung einer femininen Freimaurerei geboren wurde. Inmitten von Ruinen, die Kleider vom Schwarzmarkt, fragt man sich heute verwundert, ob Frauen im Nachkriegsdeutschland zwischen Trümmern und Existenzfragen wirklich nichts Besseres zu tun hatten, als ausgerechnet eine Frauenloge zu gründen und sich dabei außerdem noch auf einen derart heiklen Prozess der Institutionalisierung einer Frauengemeinschaft und ihren Existenzkampf mit der historisch als reinem Männerbund bekannten Freimaurerei einzulassen.
Doch das Selbstbewusstsein von Frauen, getragen vom Wissen um ihr Recht auf Gleichberechtigung, wie es inzwischen im Grundgesetz im Zuge der politischen Neuorientierung der Gesellschaft verankert worden war, ihr entschlossenes Handeln und der Mut zur Improvisation waren stark genug, um der ersten Freimaurerinnengruppe in Deutschland ein Überleben zu ermöglichen.

Rekonstruktion traditioneller Gesetzmäßigkeiten und Orientierung an den historisch bekannten Autoritätsstrukturen wie die der United Grand Lodge of England (UGLE) prägten dagegen die Beschlüsse der Freimaurer. Denn um die eigene Regularität nicht zu gefährden, modifizieren die Brüder in Deutschland kurze Zeit nach dem Neuanfang nochmals die wenigen rituellen Versatzstücke, mit denen die Frauen arbeiten durften. Deren Anstrengungen gingen aber zunächst einmal dahin, all diese Fragmente, die ihnen von den Brüdern zugänglich gemacht wurden, aus eigener Kraft und Erkenntnis zu einer sinnvollen freimaurerischen Arbeit zusammenzubauen.

Während in Frankreich zu dieser Zeit Simone de Beauvoir mit ihrem Buch ‚Le Deuxième Sex' die große Wende zur Genderperspektive vollzieht[11], andere feminine Freimaurerorganisationen (wie z.B. die GLFF[12]) längst interobödienzielle Verbindungen pflegen und aktiv als Freimaurerinnen am gesellschaftspolitischen Leben teilnehmen, verhalten sich die frühen Freimaurerinnen in Deutschland aber dennoch bewusst reaktionär, da sie

> *„(...) damals vollkommen abhängig sind (...) und nicht die geringste Entscheidung selbst treffen [konnten].“*[13]

Eine Gruppe von Frauen, die sich 1956 vom Frauenzirkel abspaltete und eine unabhängige Loge gründete, scheitert nach kurzem Bestehen.[14]

Die Geschichte zeigt, dass die Gründung der femininen Freimaurerei[15] in Deutschland zunächst ein ungewöhnlicher Konstruktionsversuch ist. Im Gegensatz zu beispielsweise der französischen Frauengroßloge, die ihre freimaurerische Tradition, d.h. ihre Rituale und die Organisation des Systems quasi eins zu eins von Brüdern übertragen bekommen hat, können die deutschen Freimaurerinnen nicht als Weiterführung einer ununterbrochenen genealogischen Kette brüderlicher Abstammung beschrieben werden.
Unter diesen Bedingungen bleibt die weitere Entwicklung ein kreativer Sonderweg. Er ist auch in der nächsten Phase geprägt von einem permanenten Diskurs über die Legitimation der Frau als Freimaure-

---

[11] Pieper, Annemarie: Gibt es eine feministische Ethik? Stuttgart 1998, S. 28.

[12] Grande Loge Feminine de France.

[13] Puttkamer, Christa von, a. a. O. o.D., I, S. 4.

[14] Ebd. S. 10.

[15] Nicht gemeint ist hier die Entwicklung der gemischten Logen.

rin. Partner in diesem Diskurs sind die Freimaurerinnen selbst, die Brüder und die Öffentlichkeit.

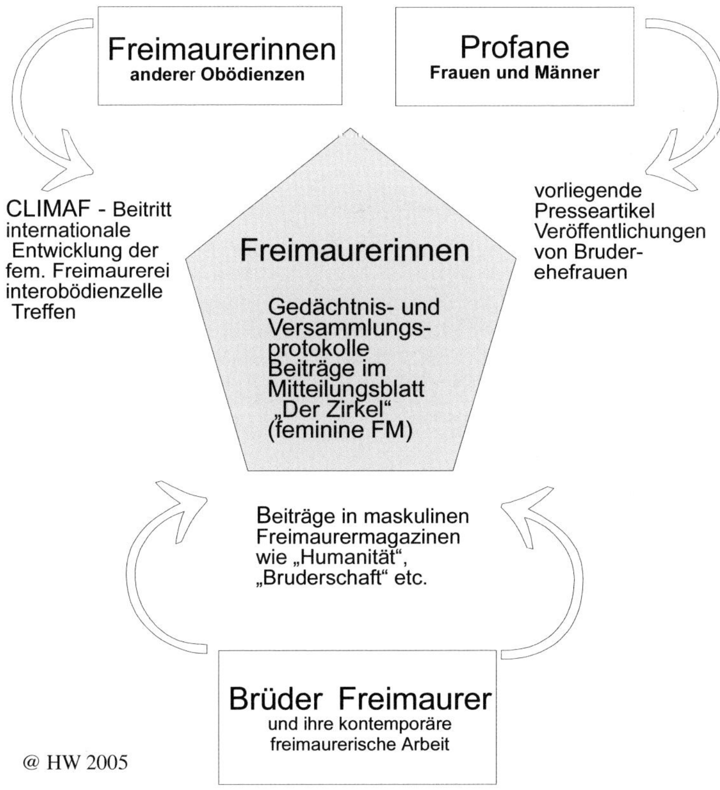

Von allen Seiten werden dieselben Fragen gestellt:

- Wer seid ihr?
- Woher kommt ihr?

- Was unterscheidet euch von den Brüdern?
- Worin unterscheidet ihr euch von den anderen europäischen Freimaurerinnen?
- Woher habt ihr das Ritual?
- Was hat es mit dem Geheimnis auf sich?
- Wie verträgt sich Freimaurerei mit der weiblichen Psyche?
- Welche Gefahr sind Freimaurerinnen für die brüderlichen Logen?
- usw.

Überall musste begründet werden, warum Frauen denn Freimaurerinnen sein wollen, warum Freimaurerei auch etwas für Frauen sei, warum man dazu nicht unbedingt den Segen einer großen Vereinigung brauche, usw.

Doch das alles war nur der Anfang des spannungsreichen Gefüges für den weiteren Weg der Freimaurerinnen in Deutschland. Es verweist schon von Beginn an auf die Persönlichkeitsmerkmale, die jene aktiven Frauen hatten: Pioniergeist, Durchhaltevermögen und Wachsamkeit.

Die Resultate und Konsequenzen aus den über Jahrzehnte fortwährenden Auseinandersetzungen haben immer wieder ihren Niederschlag in der Haltung und Organisation der FGLD gefunden:

„Wir gehen unseren eigenen Weg.“

Beharren oder: „Im Elfenbeinturm“[16]

Noch aber galt es, vorerst weitere Hürden zu nehmen.
Fehlende Presseberichte über Frauen und Freimaurerei aus den 60er und frühen 70er-Jahren lassen darauf schließen, dass es zu jener Zeit kein ausreichendes Medieninteresse dafür gab. Die Medien befassten sich damals an erster Stelle mit der politisch engagierten und revoltierenden Jugend und nicht mit irgendwelchen scheinbar „reaktionären“ und ideologieverdächtigen Vereinigungen.
In Deutschland war die „große Politik“ mit dem Wirtschaftswunder beschäftigt, mit dem Kalten Krieg und dem Mauerbau, dem Sputnikschock, der Bildungsrevolution, den Ereignissen der 68er-Jahre und den heftigen politischen Diskussionen um soziales Engagement. Die Freimaurerinnen sind dagegen bis zur Mitte der 70er-Jahre intern mit ihrer „kleinen Politik“ vollauf beschäftigt und dementsprechend an den Prozessen und Problemen der im Entstehen begriffenen Großloge A.F.u.A.M. weder interessiert noch in irgendeiner Form beteiligt.

Und doch gibt es erste Veröffentlichungen über Freimaurerinnen innerhalb der Bruderschaft. In den Schriftenreihen der Brüder[17] finden sich z.B. neben vielen Referenzen an die gesellschaftspolitische Entwicklung immerhin zwei Artikel über die Arbeit der Freimaurerinnen, geschrieben von Christa von Puttkamer, sowie ein gesellschaftskritischer Artikel über die allgemeine Situation der Frau, geschrieben von einem Bruder.
Ansonsten wird aufkeimende Unruhe in der Bruderschaft beschwichtigt mit den Worten:

> *„Keine Sorge, dass der Einzug der Frau in den (...) Freimaurerbund jetzt bevorsteht (...)“.*[18]

---

[16] Ein Begriff, den auch Christa von Puttkamer verwendet (a.a.O. o.D., I, S. 10).

[17] In „Die weiße Lilie“ (1968) und „Die Bruderschaft“ (1969), hrsg. v. den VGLvD

[18] Ebd.

Zum Verhältnis des Frauenzirkels zur Bruderschaft wird an gleicher Stelle bemerkt, dass der Zirkel *„unter dem Schutze“* der Distriktsloge Berlin der Großen Landesloge A.F.u.A.M. stehe. Das bedeutete, dass tatsächlich der Distriktsmeister dem Zirkel mit Rat und Tat zur Seite stehen, d.h. eine Art „Oberaufsicht“ ausüben sollte. Man betonte, dass das im übrigen noch nie zu Schwierigkeiten geführt habe.

Ein weiterer Artikel von Christa von Puttkamer erscheint in der Zeitschrift EURO-MASON. Dieses Blatt wird jedoch kurze Zeit später vom damaligen Großmeister der VGLvD verboten, weil man dort gern „heiße Eisen“[19] anfasse.
In den Festreden der Brüder zum 25jährigen Jubiläum des Berliner Zirkels wird wiederholt den Frauen gedankt, dass sie mitgeholfen hätten, *„die freimaurerischen Ideale hochzuhalten“.*
Auch die Auseinandersetzung der Brüder mit ihrem Ritual und seiner Überarbeitung spielt vorerst für die feminine Freimaurerei keine Rolle. Teils, weil die Freimaurerinnen natürlich keinen Zugang zu diesem Diskurs haben, teils aus einer gewissen Ignoranz und Naivität der Frauen heraus. Teils aber auch, weil sie jetzt wieder einiges in Eigenregie durch intelligente Beschlüsse lösen:

- So schicken sie beispielsweise ihr kleines Mitteilungsblatt „Der Zirkel“ jahrgangsweise gebunden den Bibliotheken der verschiedenen freimaurerischen Institutionen zu.
  „Wir wollen damit verhindern, dass wir das gleiche Schicksal der Adoptionslogen erleiden, von denen außer einigen Namen und Orienten absolut nichts auffindbar ist“[20], meint Christa von Puttkamer.

---

[19] Puttkamer, Christa von: Gründung und Entwicklung unseres Bundes 1949-61 (Teil II). Unveröffentlichtes Manuskript, Berlin 1971, S. 7.

[20] Puttkamer, Christa von, a.a.O. 1971, II, S. 9.

- Oder sie werden als Zirkel korporatives Mitglied im freimaurerischen Hilfswerk sowie im Verein deutscher Freimaurermuseen und erhalten damit das Recht, Schriften zu entleihen. Auf kritische Fragen aus der Schwesternschaft: *„Weshalb das alles?"* antwortet Christa von Puttkamer: *„Denken Sie an die Adoptionslogen. (...) Wir haben die Pflicht, aus alten Fehlern zu lernen und für unsere Zukunft zu sorgen."*[21]

Die eigenen Erfahrungen wie auch die Spannung zwischen dem Streben nach Eigenständigkeit und die gleichzeitige Unfähigkeit, außerhalb des symbiotischen Beziehungsgeflechts mit den Brüdern irgend etwas Freimaurerisches zu tun, lassen die Freimaurerinnen jedoch nicht verzweifeln, sondern wecken vielmehr ihre Kräfte für den weiteren Verlauf des Schöpfungsprozesses der femininen Freimaurerei.
Wiederum sind wichtige Entwicklungen an besonderen Frauengestalten, an entsprechenden Persönlichkeitsmerkmalen festzumachen.
Ausgestattet mit der Fähigkeit zu kritischem Hinterfragen, mit großer Beharrlichkeit, Diplomatie, Begeisterung für Wissenszuwachs, Humor und einer nie versagenden Zuversicht, bringen sich die Schwestern in diesen Jahren in die Politik der kleinen Schritte aktiv ein und agieren, wie es aus Sicht der Zirkelschwestern rückblickend beschrieben wird:

> *„Es ist eine altbekannte Weisheit, dass Gemeinden in der Diaspora wesentlich widerstandsfähiger sind, und so machten uns Angriffe von außen nur stärker und festigten die Kette."*[22]

---

[21] Ebd. S. 6.

[22] Heipke, Inge: Alles Leben ist ein Bauen, Festschrift zum 25jährigen Jubiläum. Berlin 1974, S. 4.

Der Weg in die Unabhängigkeit

Ende der 70er-Jahre sind Erwerbstätigkeit von Frauen, Bildung für Jungen und Mädchen sowie eine sich verändernde Einstellung gegenüber Ehe und Familie die Marksteine vieler gesellschaftlicher Umgestaltungen.
Mit ihnen wird auch die Frage innerhalb des Männerbundes immer drängender, wie man etwas bewahren und gleichzeitig den Anforderungen des Wandels gerecht werden könne.
Diskutiert wird allerdings immer noch kein konstruktives Modell femininer Freimaurerei in der Bundesrepublik, sondern vorerst wird nach Begründungen gesucht, ob und warum Frauen überhaupt als zuverlässige „Tradenten“[23] der Freimaurerei in Frage kommen könnten.
Interessant ist, dass diese Überlegungen der Brüder immer wieder an eine damit verbundene Aufnahme von Frauen in die Männerlogen gekoppelt werden, obwohl dies seitens der Schwestern gar nicht auf dem Plan steht.

Eine Reihe von Argumenten gegen feminine Freimaurerei geht von der „Psyche der Frau“ aus. Man stellt die Frage, ob Frauen überhaupt für die Freimaurerei geeignet seien, und versucht auf diese Weise zu begründen, warum Frauen aus der Freimaurerei ausgeschlossen bleiben sollten.[24] Die Freimaurerei sei nichts für die Psyche der Frau, heißt es dann oft. Andere befürchten, dass die Frau durch die Freimaurerei eine Wesensänderung erfahre. Die Einstellung der Männer, ihr Frauenbild, bleibt orientiert an den bürgerlich-romantischen Vorstellungen des 18. und 19. Jh.

---

[23] Assmann, Aleida: Zeit und Tradition: kulturelle Strategien der Dauer. Köln 1999, S. 109.

[24] Frauen und Freimaurerei. Sonderheft der Großen Landesloge der Freimaurer von Deutschland, 1983.

Eine zweite Argumentationskette im Feld der sogenannten „regulären" Freimaurerei bezieht sich auf die Alten Pflichten und baut auf deren bewahrende Funktion. Man ist der sogar Meinung, dass die Berechtigung, von Freimaurerei zu sprechen, komplett verloren ginge, wenn sie kein reiner Männerbund mehr sei.

1976 gibt es aufgrund der Dringlichkeit des Diskurses schließlich „Frauen und Freimaurerei" sogar als Jahresthema bei den Brüdern. Man fragt sich:

- Ist die Öffnung der Logen ein ausschlaggebendes Moment für die gesellschaftliche Gleichstellung der Frau?
- Können wir eine Gleichberechtigung eventuell nur in gemischten Gesellschaftsformen als gegeben sehen?

Das Interesse von Frauen am Eintritt in die Männerlogen wird anhand eines Fragebogens (der allerdings nur an Freimaurer-Ehefrauen ausgegeben wurde) evaluiert und man kommt zu der – doch sehr beruhigenden – Feststellung, noch sei nicht bekannt geworden, ob sich überhaupt eine Frau um Aufnahme in *„unseren"* Bund bemüht habe.

Gleichzeitig wundert sich die Frauenloge in Berlin aber darüber, dass zunehmend mehr Brüder zu Besuch kommen. Christa von Puttkamer sieht das sehr realistisch:

> *„Das Interesse an uns hat einen sehr zwingenden Grund. Sehen Sie, die Frau hat sich im profanen Leben eine Position nach der anderen erobert und unter Beweis gestellt, dass sie tatsächlich auf nahezu allen Gebieten gleich gute Arbeit zu leisten vermag, wie der Mann. Außerdem ist ihre Gleichberechtigung mit dem Mann im Grundgesetz verankert. Da die einzelnen Logen ebenso wie die ‚Vereinigten Großlogen*

von Deutschland' eingetragene Vereine sind, sind sie verpflichtet, die bestehenden Gesetze auch innerhalb der Logen zu halten. (...) Die jungen Brüder und ebenso ihre Frauen, vor allem im Bundesgebiet, lassen sich nicht mehr überfahren und fordern, dass der Frau nun ebenfalls die Möglichkeit gegeben wird, wie die Brüder im Tempel zu arbeiten. (...) und sie wollen mit ihren Frauen über das, was sie in der Loge lernen und erleben, sprechen können. Es sieht schon so aus, dass die Frauen, da sie immer nur mit Versprechungen abgefertigt wurden, zu den irregulären, gemischten Logen abwandern, was die Brüder gar nicht gern sehen."[25]

Der immer wieder sehr heftige Disput unter Brüdern zeigt, dass die gewohnten Legitimationsmuster, wie sie in der Vergangenheit verankert sind, unglaubwürdig geworden sind. Das Bekanntwerden alternativer Formen (hier: der freimaurerischen Arbeit von Frauen- und gemischten Obödienzen) macht klar, dass die eigene, bisher gepflegte Sinnwelt nicht zwingend die einzig richtige ist. Es wird schwieriger, den Ausschluss von Frauen aus der Freimaurerei zu begründen. Die Brüder, die die entscheidenden Machtpositionen inne haben, müssen alle Kräfte aufbringen, um die eigene Nomenklatur weiter zu verteidigen und zu erhalten, denn es geht nun endgültig um die Ermächtigung der Freimaurerinnen zum Auftritt auf der Bühne der Geschichte.

Und dieses In-Erscheinung-treten beginnt mit der zunehmender Mobilität von Frauen. Während die Berliner Freimaurerinnen trotz der Gefahren und Hindernisse des innerdeutschen Grenzverkehrs ihre Kontakte zu Brüdern und interessierten Frauen in westdeutschen Städten intensivieren, beginnt gleichzeitig von dort aus ein reger

---

[25] Puttkamer, Christa von: Brief an die auswärtigen Schwestern im März 1968. In: Heipke, Inge: Chronik der Berliner Loge. Unveröffentlichtes Manuskript, Berlin o.D.

Reiseverkehr nach Berlin. Den beteiligten Frauen ist damals noch nicht bewusst, dass sie mit dieser überregionalen Bewegung das Modell für viele spätere Logenentstehungen in der FGLD entwerfen.

> *„Nun sehen sich die Brüder vor die Notwendigkeit gestellt, einen gangbaren Weg zu finden. Wie sie selbst sagen, wollen sie gar nicht, aber sie müssen, denn der Nachwuchs scheitert immer öfter an diesem Problem [dass auch Ehefrauen in gemischte Logen gehen]. (...) Und da hoffen die Brüder nach unserem Muster etwas unternehmen zu können!"*[26]

Noch einmal treten einige Brüder in Aktion, führen 1982 einen Festakt als Gründungsritual für die inzwischen in Westdeutschland entstandenen beiden Zirkel und der sich anschließenden Gründung der Großloge durch und übergeben den jeweils vorsitzenden Frauen den Hammer.

Gleichzeitig erfolgt in einem weiteren kleinen performativen Akt die offizielle und endgültige Entlassung der femininen Freimaurerei aus der Schutzfunktion der A.F.u.A.M. Die ebenfalls noch am selben Tag von Brüdern eingesetzte Großmeisterin sowie die Beamtinnen der Großloge können von nun an selbst Lichteinbringungen in neue Logen durchführen. Das feminine Großkapitel „Zur Humanität" (wie die Vereinigung der drei Logen damals genannt wurde) hatte sich in Deutschland als unabhängiger Bund freimaurerisch arbeitender Frauen etabliert.

---

[26] Ebd.

Der Durchbruch

In den 80er-Jahren ist die feministische Debatte auch in Deutschland angekommen. In Köln findet 1990 eine Ausstellung statt mit dem Thema „*Männerbünde – Männerbande. Zur Rolle des Mannes im Kulturvergleich*", konzipiert von zwei Frauen. Dort heißt es im Katalog:

> *„Das Logenwesen [gemeint sind die Freimaurer in Deutschland] scheint sich gegenüber der Frauenfrage reserviert zu verhalten (...) in einigen Städten der Bundesrepublik Deutschland gibt es auch Frauenlogen."*[27]

Auch „DIE ZEIT"[28] widmet sich 1991 noch einmal der femininen Freimaurerei.
Die Autorin des ganzseitigen Artikels beschäftigt sich mit der Geschichte der Freimaurerinnen von der Aufklärung bis heute.
Sie argumentiert, dass sich viele weibliche Identifikationsfiguren und Rituale aus den alten Mysterienbünden ableiten ließen.[29]
Und sie illustriert den Artikel mit einem Bild, das eine Schwester in maurerischer Bekleidung zeigt. Den Zeremonienstab in der Hand, lässt sie einen imposanten, mystisch-geheimnisvollen Eindruck bei den Lesern entstehen.

„Geheimbünde" passen in diese Zeit, in der neben atemberaubenden Nachrichten aus

---

[27] Völger, Gisela und Karin von Welck (Hrsg.): Männerbünde – Männerbande: Zur Rolle des Mannes im Kulturvergleich. Führer zur Ausstellung. Köln 1990, S. 85.

[28] DIE ZEIT, 8. November 1991.

[29] Gerät dabei aber historisch und faktisch in ein heilloses Durcheinander.

Wissenschaft und Technik eine Fülle von Büchern und anderen Medien zu Fragen der Transzendenz erscheinen. Ende der 80er-Jahre sind sozialistische wie kapitalistische Ideologien und das „Wachstum ohne Grenzen“ ins Wanken geraten, Esoterik, Spiritualität, feministische Theologie etc. boomen.
Die Öffnung von Grenzen, Herstellen einer Öffentlichkeit[30], globalisierte Informationswelt sind weitere Impulse, die nun bei Frauen aus der ganzen Bundesrepublik auch Interesse an humanistischen Bewegungen wie der Freimaurerei wecken.
Mit dem Generationswechsel nehmen die Freimaurerinnen nun selbst ihre Sache in die Hand, sie geben Interviews und schreiben ihre Artikel für die Presse. Sie treten selbstbewusst für ihre Sache ein und öffentlich auf.

In der Serie „Logen, Ideale und Rituale“ erscheint im Oktober 1997 in der Wiesbadener Zeitung als Folge 8 der Titel „Freiheitliches Denken mit femininer Note“, ein Artikel, der über die Gründung der Frauenloge und die besonderen Schwerpunkte der Logenarbeit berichtet.[31]

---

[30] Über den Zusammenhang zwischen Öffentlichkeit und femininer Freimaurerei vgl. Lanik, Monika: Freie Bürger und Freimaurerinnen: Lokalpolitik am Ende des 20. Jahrhunderts. Berlin 2003.

[31] Zeitungsbericht nach einem Interview mit einigen Schwestern.

Das Schwäbische Tagblatt vom 6. November 2001 titelt seinen Bericht nach einem Interview mit der Meisterin vom Stuhl: *„Seit fünf Jahren gibt es die Loge ‚Drei Säulen im Zeichen der Silberdistel' in Reutlingen. Das Besondere daran: nur Frauen haben Zutritt."*[32]

Die Berliner Morgenpost schreibt zum 50jährigen Jubiläum der Berliner Frauenloge:

> *„Die Saat von damals ist aufgegangen. (...) Zwar ist man feminin, doch bitte sehr, nicht feministisch. (...) Die Frauen hätten sich ihre Anerkennung erarbeitet, nicht erkämpft. (...) Und [der] Prozess [sich selbst zu erkennen] sei von Frauen unter Frauen allemal ‚freier' zu gestalten als unter der Beteiligung von Männern."*[33]

---

[32] Zeitungsbericht nach einem Interview mit der damaligen Meisterin vom Stuhl, Sr. Helga Widmann.

[33] Berliner Morgenpost, 19.8.1999.

Das Selbstverständnis der Frauen präsentiert sich in Text und Bild als eine relativ „natürliche“ Kommunikation untereinander, vermeidet die aus dem Zusammenhang gerissenen Blicke in das Innere eines „Tempels“ und vermittelt so Authentizität und Kohärenz von Ideal und Beteiligten, vom gemeinsamen Weg in einer Gemeinschaft von Ungleichen. Dies schlägt sich nieder in der Entwicklung der Logen- und Mitgliederzahlen.
Das Umdenken in der Gesellschaft, die sozialkulturelle Kategorie „gender“, die sogenannte „neue Innerlichkeit“, Dekonstruktivismus, die Auflösung der politischen Strukturen von Ost und West, Archäologie des Wissens, Rollentheorie, kommunikatives Handeln und viele andere Entwicklungen spiegeln sich wider in den Artikeln des Mitteilungsblatts „Der Zirkel“[34], die Beiträge zu aktuellen gesellschaftsrelevanten Themen nehmen zu.
Der geringe anteilige Wert von „Frauenartikeln“ im Mitteilungsblatt zeigt den Abstand zur Frauenbewegung, aber auch, dass deren Ergebnisse reflektiert werden.
Bei den Brüdern gibt es in den 80er- und 90er-Jahren in deren Magazin „Humanität“ eine Fülle von Artikeln und Leserbriefen um Regularität, um Franzosen, Frauen, Freizeit. Trotz aller Aufklärung wird die Erotik aus der Schublade geholt und ausgebaut zum wirkungsvollen Argument gegen die Anwesenheit von Frauen:

> *„So bringt der alte und liebenswerte Gott Eros eine Ablenkung, welche die spezifische Arbeitsmethode stören würde.“* [35]

schreibt beispielsweise Alfried Lehner noch im Jahre 1991.

---

[34] „Der Zirkel“, das Mitteilungsblatt der Großloge „Zur Humanität‘, wurde ursprünglich für die Berliner Loge konzipiert und seit 1954 von Christa von Puttkamer redaktionell betreut. Von 1984 bis 2010 lag die Schriftleitung für den „Zirkel“ bei Gertrud Schiemann.

[35] Alfried Lehner: Warum keine Frauen? In: Humanität, 1991,1.

Oder Franz Carl Endres zur gleichen Zeit:

> *„Es wäre also ein großer Vorteil, wenn die Frau Freimaurerin werden könnte, (...) wenn nicht eines ganz entschieden dagegen spräche! Das ist die Verschiedenheit des Geschlechts und die Möglichkeit, dass innerhalb der auf Freundschaft beruhenden Bruderkette Eros sich einnistet. Von diesem Augenblick an wäre die freimaurerische Gemeinschaft vernichtet. Die sexuelle Frage ist hier maßgebend (...).“*[36]

Von den Freimaurerinnen werden diese wieder aufgekochten Argumente über die Rolle der Frauen mit Interesse rezipiert.
Gemeinsame Vortragsabende mit Brüdern, gegenseitige Einladungen zu besonderen Anlässen, Akademietagungen u.a.m. bieten hierzu vielfältige Gesprächsanlässe.
Gleichzeitig distanziert man sich jedoch von der „männlichen“ Rhetorik. Dies wird besonders deutlich bei den Beiträgen im „Zirkel“[37]. Nachdem bereits in den 70er-Jahren die Beiträge der Brüder – die noch bis dahin auch im „Zirkel“ veröffentlicht wurden – deutlich zurückgegangen waren, verschwinden sie nun mit zunehmender An-

---

[36] Endres, Franz Carl: Das Geheimnis der Freimaurer. Münster 1991, S. 170.

[37] „Mit der redaktionellen Übernahme dieses Blattes im Jahre 1954 war die Stunde von Christa v. Puttkamer gekommen: sie konnte beginnen, den Logenschwestern auch schriftlich ihr reiches Wissen zu vermitteln. Bei der Durchsicht ihrer Artikel fällt auf, dass sie die subjektive Entwicklung Christa von Puttkamers als Freimaurerin spiegeln. So ist erkennbar, dass sie in den ersten Jahren vorwiegend aus dem Fundus ihres Allgemeinwissens oder ihrer besonderen Interessengebiete schöpfte.
Mit zunehmendem freimaurerischen Wissen und zunehmender Erkenntnis setzte sie bei der Themenauswahl neue Schwerpunkte. Freimaurerische und geistig angrenzende Themen dominieren schließlich am Ende und legen Zeugnis ab vom tiefen Eindringen Christa von Puttkamers in die freimaurerische Materie.“ (Paczynski, Christa von: Vorwort zu Puttkamer, Christa von: Ein Leben für die Freimaurerei: Vorträge und Aufsätze 1954-1989. Berlin 1999, S. 6).

zahl der Frauenlogen völlig und bilden allenfalls noch eine gelegentliche Ausnahme.
Das starke Selbstkonzept der femininen Freimaurerei, wie es sich zu jener Zeit in der Präsentation der Beiträge im „Zirkel" zeigt, macht umgekehrt zunehmend Brüder zu Abonnenten.

Wissenschaftlerinnen, die inzwischen die Entstehung der femininen Freimaurerei als Forschungsgegenstand entdeckt haben, kommen zu dem Schluss:

> *„Es handelt sich also keinesfalls um eine dialektische Nachahmung des Männerbundes, der in seiner Struktur lediglich den weiblichen Gegebenheiten angepasst wurde, sondern um eine autonome Form, die sich lediglich aus den gleichen Grundwerten heraus gebildet hat. Aus der ständigen Notwendigkeit heraus, sich in der Freimaurerei zu rechtfertigen, ist eine Quelle für Widerstand und Wandel geworden, der den Frauenbund zu dem gemacht hat, was er heute ist."*[38]

Oder:

> *„Diese lange Phase der Widerstände hat bei den Freimaurerinnen in Deutschland nämlich dazu geführt, dass sie sich intensiv und kritisch mit den Zielen und Inhalten der freimaurerischen Lehre auseinander setzen mussten. Das Ergebnis ist heute eine sehr differenzierte und zeitgemäße Arbeitsstruktur, die sie auch von den Männerlogen unterscheidet. Sie führen ihre Rituale sehr gewissenhaft aus und haben*

---

[38] Anabela Valente Couras Brandao: „Frauen in der Freimaurerei: Organisation und Ziele eines Frauenbundes in Deutschland". Wissenschaftliche Hausarbeit zur Erlangung des akademischen Grades einer Magistra Artium der Universität Hamburg, 2011, S. 63.

sie im Laufe der Zeit für sich überprüft, bewertet und neu interpretiert.“[39]

Der besondere Weg der deutschen Frauengroßloge, bekommt noch klarere Konturen, wenn er in Bezug zur internationalen Entwicklung der femininen Freimaurerei gesetzt wird. Hier treffen die Freimaurerinnen auf CLIMAF[40], den Verband europäischer Frauengroßlogen mit Logen in Übersee und im Osten. Deren Stärke scheint sich aus den von den Brüdern übernommenen Einstellungen und entsprechender „women-power“ zu ergeben. Aber man erkennt, dass auch sie, wie alle vergleichbaren Institutionen, Symbol- oder Wissenssysteme, die Sinnhaftigkeit ihrer Unternehmung als Gemeinschaft ständig neu produzieren müssen, um objektive Wirklichkeit zu bleiben.
Es dauert noch eine Zeit, bis man die deutsche Frauengroßloge schließlich trotz ihres Sonderwegs als gleichberechtigte Partnerin anerkennt. Beteiligt an diesem Prozess sind Frauen mit interkulturellen Kompetenzen, die in sachorientierten Gesprächen die Unterschiedlichkeit als eine Bereicherung begreifen und Fragen der „Regularität“ nicht durch Genealogie, sondern durch Argumentation auf der Basis der Ritualinhalte durchdenken.

Zu Beginn des 21. Jh. ist die Frauen-Großloge von Deutschland (FGLD), wie sie sich inzwischen nennt, empirisch zu verorten in den Augen der einen als eine weitere „geheime Gesellschaft“ und in den Augen der anderen als eine öffentliche Erscheinung, eine Frauengruppe, deren Entwicklung Teil der Geschichte von Frauen in Deutschland ist.
Wie alle Gruppierungen mit besonderer Sinngebung hat sie mit Rivalitäten und Auseinandersetzungen mit anderen Gruppen zu kämpfen, muss immer wieder neue Autonomie gewinnen und behalten.

---

[39] Ebd.

[40] Centre de Liaison International de la Maçonnerie féminine.

Wenn man heute Kultur als ein aktiv herzustellendes Gedächtnis ansieht, dann haben zwei Generationen von Frauen dies für die feminine Freimaurerei in Deutschland in vier Entwicklungsabschnitten geschafft und der dritten Generation in die Hände gelegt.

Die dritte Generation

Die Existenz einer Frauengroßloge ist im 21. Jh. also schließlich auch in Deutschland eine objektive Gegebenheit. An Frauen wird nun von Frauen eine von Frauen gebaute freimaurerische Tradition weitergegeben.

70 Jahre nach dem Gründungsakt

- arbeiten mehr als 600 Freimaurerinnen in knapp 30 Logenhäusern in Deutschland,
- haben die Frauenlogen einen festen Ort im lokalpolitischen Geschehen, ihre Veranstaltungen (wie bspw. Gästeabende, Vorträge in VHS o.ä.) werden in der lokalen Presse angekündigt, von größeren Veranstaltungen wird im Nachhinein berichtet.
- präsentieren sie sich mit großer Selbstverständlichkeit in der Öffentlichkeit, besitzen eigene Webseiten, geben Logenflyer und verschiedene Schriften heraus und sind, mehr oder weniger intensiv, mit anderen Netzwerken (maurerischen und nichtmaurerischen) verbunden.

Eine prinzipielle Öffnung ihrer rituellen Arbeiten für Brüder ist nicht das erklärte Ziel. Man hat sich auf „kooperative Koexistenz" geeinigt. Karitative Aktionen bleiben der Initiative der einzelnen Logen überlassen. Genauso wenig steht geselliges Beisammensein als Ziel der Logenarbeit außerhalb der freimaurerischen Treffen auf dem Programm.

Die Familien der Freimaurerinnen werden auch nicht am Rande in das Logenleben mit einbezogen. Profane Ehemänner werden nicht „Brüder“ genannt.

An der aktuellen Altersstruktur der Logen ist abzulesen, dass junge Logen junge Frauen anziehen. Wie aber insbesondere bei Neugründungen zu sehen ist, machen sich auch ältere, erfahrene Freimaurerinnen auf, um die Logenlandschaft weiter zu entfalten. Sie sind es, die ihr Wissen um das freimaurerische Ritual weitergeben und dabei die Entstehung, die Durchsetzung und die Veränderung von Mustern aufzeigen, wie Lebens-, Denk- und Äußerungsweisen von Frauen wiedergegeben werden können und Frauen als historische Akteure in Erscheinung treten.

Einige Schwestern betreiben intensive Forschungsarbeit, bei der es jedoch eher um Neugier und Interesse an Theorie geht und weniger um „need for identity“[41].

Die Arbeit mit den Ritualtexten, Symbolen und Handlungen betrachten sie als Arbeit am kulturellen Gedächtnis im Sinne Jan Assmans. Da heißt, sie finden in der Menge von Texten, Bildern, und Handlungsmustern[42] viele spannende und interessante Quellen, gehen jedoch immer auch von der jeweiligen Gegenwart aus, in der sich der Sinn aktualisieren muss.[43] Diese zweite Ebene der Praxis, d.h. der lebenspraktische Bezug, wird von den Freimaurerinnen experimentell gehandhabt. Die Tradierung des freimaurerischen Rituals durch Frauen ist also keine „Modernisierung“ der Freimaurerei, vielmehr eine „aktive Traditionalisierung“.[44]

---

[41] Identitätsbedürfnisse nach Assmann, Jan: Kollektives Gedächtnis und kulturelle Identität. In: Assmann, Jan und Tonio Hölscher (Hg.): Kultur und Gedächtnis. Frankfurt a.M. 1988, S. 13.

[42] Ebd.

[43] Ebd.

[44] Gisela Welz benutzt diesen Begriff für die aktuelle Entwicklung in einer posttraditionalen, der zypriotischen Gesellschaft.

Die Freimaurerinnen sind nicht an die Tradition der Regularitätsdebatte gebunden. Sie stehen außerhalb eines Diskurses, der Logen als Reproduzenten bestimmter Lehrarten sieht. Da die feminine Freimaurerei nicht an solche Vorgaben gebunden ist, kann sie sich auf einen kreativen Umgang mit der Freimaurerei einlassen und sich vorurteilsfrei mit den unterschiedlichen Strömungen auseinandersetzen. Mit der eigenständigen Entwicklung der femininen Freimaurerei in Deutschland haben insofern auch in der Freimaurerei beide Geschlechter zur Gestaltung und Konstruktion gesellschaftlicher Tradition und Veränderung beigetragen.

Wichtig zu bemerken ist auch, dass das Wollen der Frauen sich nicht in gemeinsamen Parolen und Programmen äußert, sondern darin, dass Frauen sich persönlich, in erster Person, in den gesellschaftlichen Diskurs einbringen wollen. Sie wollen als Person wahrgenommen werden und sich auch als Person weiter entwickeln. Ein Grundrecht.
Die Freimaurerinnen sprechen also nicht im Namen <u>der</u> Frauen, sondern allenfalls als Frauen und über Frauen, die in ihrem eigenen Namen selbstverantwortlich denken und handeln.

Veränderungen weiblicher Kultur gehen immer von einigen aus – von Abweichlerinnen, von so genannten **Pionierinnen**. Mit ihrem Mut, besser gesagt, mit ihrem Wagemut, ihrer Zielstrebigkeit machten und machen sie neue Wege für Frauen möglich. Und manchmal führt das eben dazu, dass diese neuen Wege zum Mainstream werden, weil viele, viele andere Frauen folgen. Sie haben nicht nur die Männer und die Traditionen gegen sich, sondern in der Regel auch die Mehrheit anderer Frauen. Sie sind aber dennoch der Motor für Veränderung. Nicht selten können an solchen Frauen Tugenden festgemacht werden wie Beharrlichkeit, Diplomatie, Wissenszuwachs, Humor und eine nie versagende Zuversicht.

Im Rückblick auf die Frauengeschichte im Nachkriegsdeutschland lässt sich deutlich erkennen:

Historisch sind die Freimaurerinnen Teil der Frauenbewegung.
Ihre Grundlage ist aber gerade *nicht* das gemeinsame Programm, das vom Zeitgeist und den herrschenden Verhältnissen vereinnahmt werden kann. Es kann und soll nicht diskutiert werden, was Frau zu tun oder zu lassen hat, sondern es muss darüber nachgedacht werden, wie jede Frau das tun kann, was sie für richtig hält und verantworten kann. Deshalb ist es wichtig, die Geschichte der einzelnen Frau anzuschauen, die *Unterschiede* zwischen Frauen zu schätzen und als Fülle zu verstehen, d.h. an der Differenz zu arbeiten anstatt ein »Wir« der Frauen zu proklamieren.

II Die Rituale der Freimaurerinnen

Vorbemerkung

Ritualen, die Frauen unter sich praktizieren, wird häufig die Aura einer frauenspezifischen Spiritualität angedichtet. Sie reicht von der Vorstellung magischer Praktiken (Wissen um Heilkräfte, Hexenkult) bis hin zu den vielfältigen Aktivitäten feministisch revolutionärer und reformerischer Gemeinschaften von Frauen, die sich als Alternativen zu patriarchal-religiösen Traditionen verstehen.
Auch in der Freimaurerei entsteht, wenn die Rituale allein von Frauen praktiziert werden, ein Bereich des Nicht-Einsehbaren. Was machen die Frauen mit Mythen und Texten, die traditionell und institutionell an die kulturellen Normen im Kontext eines reinen Männerbundes geknüpft scheinen? Was veranstalten sie unter dem Deckmantel der Freimaurerei? Ist dies überhaupt noch mit den Vorstellungen zu vereinbaren, die man vom freimaurerischen Ritual hat? Gibt es Gemeinsamkeiten? Was ist das Besondere? Gibt es eine frauenspezifische Ritualmodalität?

Die Religions- und Kulturwissenschaftlerin Lesli Northup[45] warnt vor einer „*romantisierenden Konstruktion einer universellen Frauenkultur*“. Rituale sind vielmehr – unabhängig von den Ausführenden oder gar ihres Geschlechts – zuerst

> „*ein historisch überliefertes System von Bedeutungen, die in symbolischer Gestalt auftreten, […] ein System, mit dessen Hilfe die Menschen ihr Wissen vom Leben und ihre*

---

[45] Northhup, Lesley A.: Frauenrituale. In: Belliger, A.; Krieger, D. (Hg.): Ritualtheorien. Wiesbaden 1998, S. 391.

Einstellungen zum Leben mitteilen, erhalten und weiterentwickeln".[46]

In diesem Sinn müssen deshalb auch die „Rituale der Freimaurerinnen" per se als eine rein besitzanzeigende Ausdrucksweise verstanden werden und nicht bereits als ein Hinweis auf vermeintlich geschlechtsspezifische Merkmale. Ob es diese überhaupt gibt, welche besonderen Modifikationen bei den Ritualen durch die Inbesitznahme durch das „andere" Geschlecht zu beobachten sind oder inwieweit es einfach historische Entwicklungen sind, die es einer Trägergruppe ermöglichen, im Laufe des Prozesses der Übernahme eine besondere Variante zu entwickeln, ist zu untersuchen.

Gemeinsamkeiten und Alleinstellungsmerkmale

Die Analyse und Beschreibung von Ritualen beginnt in der Regel bei den sichtbaren *Artefakten, d.h. bei Dingen und Verhaltensweisen*, wie sie überall in der Welt und in der Praxis des Miteinanders von Menschen beobachtet werden können. In der Freimaurerei sind dies z.B. „Winkelmaß und Zirkel" als symbolische Werkzeuge, ein Ritualraum, der im freimaurerischen Sprachgebrauch „Tempel" genannt wird, eine „Vorsitzende" im „Osten", zwei hervorstechende Säulen, die mit den Buchstaben J bzw. B versehen sind, weitere Werkzeuge wie Hämmer oder ein Maßstab, Lichtsymbolik, besondere Rituale für Aufnahmen, Beförderungen und Erhebungen, ein Drei-Grad-System, es gibt Logen mit Logennamen, Logos, Diskursformen, Musik, etc. Alles in allem handelt es sich auch bei den Freimaurerinnen um dieselben Gegenstände und Handlungen, wie sie auch sonst im großen Feld der universellen Freimaurerei verwendet werden.

---

[46] Geertz, Clifford: Dichte Beschreibung. Berlin 1987, S. 46.

Andere Erscheinungen sind dagegen nur mit *manchen* der Rituale und Gebräuche identisch. Verschiedene Übereinstimmungen lassen sich mit den Ritualen der AFAM finden, ähnlich gestaltete Arbeitstafeln, das Brauchtum von Tafel- und Instruktionslogen, die Werklehre als Bestandteil jeder rituellen Arbeit, die Ämterabzeichen, ein großer Teil der Begriffe etc.
An anderen Stellen zeigt sich, dass auch weitere Elemente im Ritual der FGLD aus demselben Rohmaterial stammen wie jene des AFAM-Rituals, also aus der Tradition des Schottischen Ritus sowie aus dem Ritual von Schröder, außerdem aus dem Ritual der Schweizerischen Großloge „ALPINA", der deutschen Großloge „ZU DEN DREI WELTKUGELN" sowie des Freimaurerordens.
Bei genauer Betrachtung handelt es sich bei AFAM wie bei der FGLD um Konstrukte aus der Nachkriegszeit, deren Bestandteile aus verschiedenen Ritualtraditionen stammen, sodass man beiden Ritualen einen hohen eklektischen Charakter bescheinigen muss.

Im Vergleich mit den Ritualtraditionen der europäischen Schwestern gibt es neben den o.g. universellen Merkmalen freimaurerischer Rituale vor allem die „Mitwirkung am Entwurf" als ein gemeinsames Merkmal im Ritualablauf. Die von einer Schwester vorgetragenen Gedanken werden nicht als fertige Zeichnung im Sinne eines individuellen Kunstwerks angesehen bzw. angehört, sondern als Impulse, das eigene und gemeinsame Weiterdenken in der Loge zu einem anstehenden Thema in Gang zu setzen. Gefragt ist dementsprechend nicht das Konsumieren schöngeistiger Vorträge, sondern laut Ritual die *gemeinsame Suche nach Wahrheit und Erkenntnis*. Wichtig dabei ist sowohl für den Entwurf einer Schwester wie auch bei der folgenden Mitwirkung, dass die Fragestellungen und ihre Bearbeitung von gesellschaftlicher und lebenspraktischer Relevanz sind, die das Wohl aller im Blick hat, d.h. über die individuelle Sicht hinausreicht.
Diese rituelle Praxis unterscheidet sich im frankophonen Kontext in der Radikalität des politischen Diskurses dennoch deutlich von der

Praxis einer wohl geordneten Kommunikation in den deutschen Frauenlogen. Aber auch bei der in diesem Sinne moderateren Form in Deutschland geht es

- um die Schaffung eines Denkraumes,
- um die Praxis einer Kommunikation, die das Andere sucht, den Widerspruch, die prozesshafte Auseinandersetzung mit den unterschiedlichen Sichtweisen und
- um die Reflexion eines tertium comparationis als übergreifendem Maßstab, mit dem subjektive Voreingenommenheit und Betroffenheit überwunden werden.

Die Mitwirkung am Entwurf ist für alle Anwesenden eine Chance zur bewussten und gemeinsamen Reflexion im Ritual. Eingebettet in den sogenannten Rahmen, d.h. in die Werklehren sowie in die Öffnung bzw. Schließung der Loge, bilden sie den zentralen Ritualbaustein. Dort wird gedanklich an einer konkreten Umsetzung der ethischen Grundlagen gearbeitet, der Ideale und Werte in der Lebenswirklichkeit, an die in Wort und Handlung des Ritualrahmens erinnert wird.
Wie man im Vergleich auf nationaler und internationaler Ebene aber auch feststellen kann, gibt es in der Freimaurerei keine durchgängig einheitliche Gestaltung **eines** Rituals. Es gibt von daher also auch nicht **die** Rituale der Freimaurerinnen, d.h. auch kein spezifisches Frauen-Ritual als Maßstab.
Vielmehr sind die Rituale der Freimaurerinnen *eine* Variante inmitten der Vielfalt der maurerischen Rituale, wie sie aus dem gesellschaftlich-geistigen **Wurzelgeflecht** (Rhizom) des 17. Jh. hervorgegangen sind, aus den Ideen von Individualisierung und Säkularisierung, der Vorstellung von Freiheit und Gleichheit usw.

Vordergründig ist deshalb das einzige Alleinstellungsmerkmal der FGLD nur die Farbe Lila in den Bändern der Beamtenabzeichen und der Umrahmung der Schurze. Mit dieser Farbe fallen die deutschen Schwestern auf, denn alle anderen Frauengroßlogen in Europa haben die Farben ihres maurerischen Zubehörs von den Brüdern entsprechend der Ausrichtung des jeweiligen Rituals unverändert übernommen.

Die Assoziation „Feminismus", die wir heute bei der Farbe Lila gerne haben, scheidet als Argument für die Farbwahl jedoch völlig aus, da sich violette Schärpen bereits in den 50er-Jahren für die Ritualbeamtinnen nachweisen lassen, als es diese Zuordnung noch gar nicht gab. Die Schwestern der ersten Stunde haben fern von jeglicher symbolischen Überhöhung eine ganz pragmatische Erklärung: *blau* sei „besetzt" gewesen von der maskulinen Johannismaurerei, *rot* von den Hochgraden, weshalb man sich für violett entschied. Mag sein.

Das Alleinstellungsmerkmal der anderen europäischen Frauenlogen aus der französischen Tradition ist das sogenannte „Kleid", d.h. ein schwarzer Überwurf, ähnlich einem klösterlichen Habit, der äußerlich die Gleichheit der Frauen herstellt. Sein spezieller Schnitt als Anch ist eine Anleihe aus der ägyptischen Symbolik.

Am Anfang war der Hammer

Im Gegensatz zu ihren europäischen Schwestern begann die Arbeit der Freimaurerinnen in Berlin unter Leitung der Brüder 1949 nicht mit großen „Einweihungsritualen“, sondern zunächst auf einer rein formalen Ebene. Für den Gründungsakt des „freimaurerisch arbeitenden Frauenzirkels“ gibt es kein Ritual, sondern nur den Hinweis in der Chronik:

> *„Es wurde gelehrt, wie eine freimaurerische Organisation zu leiten sei, in welcher Form die Erziehung zu freimaurerischem Denken und Handeln stattfinden könne und müsse, nach welchen Gesichtspunkten die Themen der Veranstaltung auszuwählen seien und wie Ordnung und Disziplin während und außerhalb der Sitzungen gewahrt werden sollten.“*[47]

Die Großloge der Brüder wollte jedoch, dass

> *„die Sitzungen und Veranstaltungen mit dem Hammerschlag eröffnet und geschlossen werden“*

und überreichte der leitenden Schwester den ersten Hammer.

Der Beginn des Ritualtransfers war also im Prinzip nichts anderes als eine Mischung aus profaner Lehrtätigkeit und dem symbolisch wirksamen Akt einer Hammerübergabe an die Leiterin des Frauenzirkels. Aus heutiger Sicht lässt sich feststellen, dass die Frauen folglich bis dahin noch keinen einzigen Schritt in die Freimaurerei nach dem üblichen Procedere eines Aufnahmerituals getan hatten. Vielmehr exportierten die Brüder mit der „Hammerübergabe“ außergewöhn-

---

[47] Chronik der FGLD, S. 39.

lich mutig einen sehr bedeutungsvollen Ritualbaustein aus dem Innersten ihrer rituellen Arbeit in den Kreis der im gängigen Verständnis immer noch „profanen" Frauen. Denn: Wer den Hammer führt, kann Rituale leiten.

Ein gutes Jahr später erfolgte für die Gründerinnen der zweite Schritt auf dem Weg, tatsächlich selbst mit einem Ritual arbeiten zu dürfen. Auch hier handelte es sich wiederum zunächst nur um einen formalen Akt. Die Schwestern wurden vereidigt, sie mussten „*Gehorsam, Verschwiegenheit und Treue*" geloben. Der Akt war eingebettet in einen kleinen ritualisierten Rahmen, wie er aus offiziellen Empfängen bekannt ist: es gab Blumen, Kerzen, eine Begrüßung durch einen Bruder und eine Rede des Großmeisters. Deklariert wurde die Veranstaltung als „Feierstunde". Dennoch wurde gerade auch in diesem Moment der performative Sprechakt eines Gelöbnisses, wie es später im Aufnahmeritual der Fall ist, an die neue Trägergruppe weitergegeben, d.h. nochmals ein zentraler Ritualbaustein.

Schritt drei brachte für kurze Zeit Verwirrung. Dem neuen „Bund", wie sich die Schwestern inzwischen schon nennen dürfen, wird die Übersetzung des leicht geänderten Rituals des *Eastern Stars* gereicht. Vermutlich hatte jener Bruder, der nachweislich außer der Mitgliedschaft in einer Freimaurerloge noch bekennendes Mitglied im Eastern Star war, kein Problem, sein Ritual mit leichten Modifikationen in einen anderen Kontext zu exportieren. Auf den ersten Blick schien diese Lösung für die Brüder auch ein Ausweg aus der Regularitätsfrage zu sein. Wenig später wurde jedoch von den Brüdern mitgeteilt, dass die Frauen des Zirkels nun doch nicht nach diesem Ritual arbeiten dürften, sondern ein neues erhalten sollten.

Dies dauerte. Als Zwischenlösung wurde den Frauen Zutritt zum „Tempel" der Brüder gewährt, d.h. zu jenem Raum im Logenhaus, den die Brüder für ihre rituellen Arbeiten nutzten, einschließlich des

Inventars. Dort, d.h. allerdings nur im sogenannten *„kleinen* Tempel“, durften sie nach einer extra für sie abgeänderten Einrichtung eine eigene Festarbeit durchführen.
Gemeint war damit aber auch jetzt immer noch nur eine feierliche Rahmung der Feierstunde mit Kerzenanzünden und einem Spruch. Aber sie erhielten die Erlaubnis, während der Zeremonie ein gemeinsames Abzeichen, nämlich drei Rosen als Anstecknadel tragen zu dürfen.
Mit diesen Zugeständnissen, d.h. der Übernahme von weiterer Sequenzen des brüderlichen Ritualrahmens[48], der Benutzung des Ritualraumes der Brüder mit freimaurerischem Dekor, dem Einsatz der drei kleinen Lichter, der Musik und anderen symbolischen Gegenständen, wurden den Schwestern Schritt für Schritt erste Möglichkeiten eröffnet, sich persönlich als *„im* Tempel“ agierend zu erleben. Sicher waren sie zutiefst beeindruckt von der Ahnung, dass im Ritual eine Wirklichkeit entsteht, die so nur jeweils im Moment der Durchführung wahrnehmbar ist. Deshalb verwies die Vorsitzende in ihrer Rede schon anlässlich dieser ersten Festlichkeit auf den großen Wunsch, doch auch

> *„die Arbeit nach einem eigenen, feststehenden, althergebrachten Ritual im freimaurerischen Sinne“*[49]

eines Tages als *„Krönung ihres Strebens“* erfahren zu dürfen.

Dieser Wunsch sollte tatsächlich endlich 1951 mit der Einführung eines Rituals in Erfüllung gehen, das von Brüdern *„mit größter Sorgfalt“* ausgearbeitet, vom *„freimaurerischen Geist durchdrungen“* und auf die *„weibliche Mentalität abgestimmt“* worden sei.[50]

---

[48] Im Sinne des Framings nach Goffman.

[49] Chronik der FGLD, S. 75.

[50] Ebd.

Das Framing enthält jetzt wesentliche Abschnitte maurerischer Rituale:

- Einzug der Schwestern und Beamtinnen
- Prüfung der Sicherheit
- Feststellung der Aufgaben
- Öffnung durch einen Sprechakt: „Das Kapitel (wie der Kreis nun hieß) ist eröffnet."
- Einschub (Feier und Zeichnung)
- Wort in die Kolonnen: „Hat noch jemand etwas vorzutragen?"
- Kettenbildung
- Auszug

Anstelle der drei kleinen Lichter steht eine Flammenschale in der Mitte des Raumes, entzündet mit dem Verweis auf Glaube, Liebe, Hoffnung, wie es nach dem Vorbild englischer Rituale beim Öffnen der Loge heißt.
Bei genauerer Untersuchung der Ritualtexte und Dialoge lassen sich die einzelnen Teile (Riteme) als Beiträge aus den Lehrarten der jeweils an der Konstruktion beteiligten Brüder identifizieren. Sie wurden in der Regel einfach in eine andere sprachliche Form transkribiert. So heißt es jetzt bei den Frauen:

> *„Schwester Wächterin, untersucht, ob der Tempel ausreichend geschützt ist, Unbefugte weder eintreten, noch unsere heutige Handlung beobachten können."*

Transportiert wurde dennoch der Sinn.

Mentalitäten im Wandel

Im Laufe der folgenden Jahre ändern sich die Akteure und mit ihnen die Prozesse. Zwischen Eigenständigkeit und gleichzeitiger Abhängigkeit folgen weitere Schritte der Eroberung von Zugeständnissen im Ritual und es geht immer weiter im Kampf um Legitimierung. Immer häufiger werden jetzt von den Schwestern selbst Beschlüsse gefasst.
Dazu gehört z.B. die Entscheidung, von jetzt ab ebenfalls die offiziellen Bezeichnungen wie Aufseherin, Zeremonienmeisterin, Wachhabende etc. zu verwenden,

> *„in der Hoffnung, dass die Neuerungen auf keinen Widerspruch seitens der Brüder stoßen würden."*[51]

1968 erhalten die Frauen in Deutschland schließlich die Genehmigung, ihre Vorsitzende als „Meisterin vom Stuhl" bezeichnen zu dürfen.

Interessant ist, dass von vornherein sowohl bei den Amtsbezeichnungen wie auch für die Grade die weibliche Form verwendet wurde.
Bei den anderen Freimaurerinnen in Europa wie auch in der Mannheimer Loge „Unitas", die mit Hilfe von Brüdern in den 80er-Jahren unabhängig von dem Gründungsprozess in Berlin entstanden ist, war dagegen die Verwendung der männlichen Ausdrucksformen noch lange Zeit an der Tagesordnung. Die englischen Freimaurerinnen erhielten gar erst Anfang des 20. Jh. von den Brüdern die Erlaubnis, sich nicht mehr „Bretheren" nennen zu müssen.
Manche Entwicklungen in den Transfer- und Ritualisierungsprozessen waren auch schlichtweg rein äußeren Bedingungen und Zufällen geschuldet. 1975 wird das umgebaute Logenhaus in der Emserstraße

---

[51] Puttkamer, Christa von: Unveröffentlichtes Manuskript. Privatbesitz.

eingeweiht. Da die neuen Räume wesentlich niedriger waren, konnte die Flammenschale nicht mehr benutzt werden. So erhielten die Schwestern die Erlaubnis, drei säulenförmige Kerzenständer für die drei kleinen Lichter benutzen zu dürfen und eine Arbeitstafel. Zudem wurden neue Rituale im ersten Grad erarbeitet, ein Aufnahme- und ein Tafellogenritual, genehmigt und von Alt-Distriktmeister, Br. Willi Lehmann, gegengezeichnet.
1984 wird zum ersten Mal das J auf die Arbeitstafel gelegt.

Die Freimaurerinnen in Deutschland übernehmen also kein fertiges Ritual, sondern erleben von Anfang an die „Ritualisierung" einer Sinnwelt als einen in der freimaurerischen Praxis üblichen Prozess.

> *„Ritualisierung ist"*, wie Grimes sagt, *„das Erarbeiten eines Rituals; es ist eine Art ritueller Konstruktion, der selbstbewusst, befreit, im Wachsen begriffen oder geleitet wird."*[52]

Auf diese Weise sind alle maurerischen Rituale und Gebräuche entstanden.
Nachdem die Schwestern instruktiv in die maurerische Arbeit eingeführt, zeremoniell-administrativ eingesetzt und durch begleitete rituelle Praxis legitimiert werden, machen sie zudem die gravierende Erfahrung, dass zur Durchführung und Wirksamkeit von rituellen Handlungen auch eine durchdachte Vorbereitung und Beratung aller Beteiligten gehört sowie die Aushandlung und Vermittlung unterschiedlicher Vorstellungen.
Wie aus den biographischen Aufzeichnungen der Schwestern und dem Briefverkehr hervorgeht, sind die Aushandlungsprozesse mit den Brüdern ein großes Lernfeld für die Schwestern gewesen, da sie selbst immer wieder nach neuen Begründungen für ihre Vorstellung

---

[52] Grimes, Ronald: Reading, Writing and Ritualizing. Washington 1993; zitiert von: Northup, Lesley: Frauenrituale. In: Belliger, Andrea und Krieger, David J. (Hg.): Ritualtheorien. Wiesbaden 1998, S. 394.

suchen mussten und sich von daher sehr intensiv mit der rituellen Gestaltung auseinandersetzten. Schwestern und Brüder zeigen sich gemeinsam als Ritualmacher, d.h als verantwortlich Mitwirkende an der Ritualgestaltung.

Gleichzeitig wird zwischen Freimaurern und Freimaurerinnen ein strenger Kult der Differenz gepflegt. Er schließt die Freimaurerinnen zwar einerseits aus, zwingt ihnen aber andererseits gerade dadurch von Anfang an einen Selbststand auf, mit dem allein tatsächlich eine sogenannte Translatio[53] stattfinden konnte. Das heißt, es fand eine Übergabe von rituellen Versatzstücken aus der Tradition des Männerbundes in einen anderen Bereich statt, die dann bei den Frauen zwar in eine eigenständige Form gebracht, aber nicht im Genderrausch ausgetauscht wurden. Letzteres kann man z.B. beim Eastern-Star beobachten, wo man das traditionelle Weltbild aufgab und das Ritual auf fünf tapfere Frauen des Alten Testaments bezieht.

Da es den Freimaurerinnen in Deutschland immer wieder gelingt, bestimmte Akte zum richtigen Zeitpunkt zu vollziehen und zu begründen, entsteht sachliches und organisatorisches Wissen, das als zunehmende Ritualkompetenz in Erscheinung tritt. Es entwickelt sich eine wachsende Sicherheit in der Beurteilung und Entwicklung ritueller Abläufe, was wiederum Auswirkungen auf die Reflexion und Ausführung der Rituale hat.

---

[53] Mit dem „Translatio-Modell" wird die Vermittlung kultureller Inhalte von einer Kulturgemeinschaft in die eine andere beschrieben. Es stellt den Anspruch an die Verlässlichkeit des eigenen Wissens und an einen verantwortungsvollen Umgang mit den Inhalten der Weitergabe.

Die Gunst der Stunde

Mit der Gründung weiterer Logen und zunehmenden Außenkontakten ändert sich das Verhältnis der Freimaurerinnen zu ihren Ritualen. Sie selbst lernen andere Rituale und Lehrarten kennen und werden von besuchenden Schwestern als anders arbeitend wahrgenommen. Wer Kulturen aber vergleicht und ihre historischen und sozialen Kontexte mitberücksichtigt, der lernt alsbald, über die eigene Kultur nachzudenken.
So wird in den 80er-Jahren, nachdem die Freimaurerinnen aus der Schutzherrschaft der Brüder entlassen und bereits selbstständig als Großkapitel mit drei Kapiteln arbeiten, der Gedanke diskutiert, dass man im Hinblick auf eine nationale und internationale Anerkennung auch in allen drei Graden, d.h. mit den Traditionsinhalten eines Lehrlings-, Gesellen- und Meistergrades arbeiten müsse.

Folglich setzte man sich zunächst einmal mit der gängigen Meinung auseinander, dass freimaurerische Weitergabe angeblich nur in Form einer Einweihung von bereits Eingeweihten möglich sei.
Tatsächlich praktizieren dies in der Regel die freimaurerisch arbeitenden Lehrsysteme im Prinzip unter dem Anspruch, die eigene Obödienz als eine gesetzgebende und überwachende Instanz zu verstehen, als ein System, das die jeweils festgeschriebenen Traditionsinhalte zu bewahren und zu sichern sucht. Viele freimaurerische Lehrsysteme greifen dabei auf die Sinnwelt der Mysterienkulte zurück, weil es um die vermeintliche Weitergabe von „immerwährender" Weisheit und Erkenntnis gehe. So manche Ämter und Funktionen wurden in diesem Zusammenhang als „Geheime Obere" gedacht. Ihre Macht und Herrschaftsmuster sind darauf angelegt, die Weitergabe von Inhalten und Organisationsformen an neue Gruppen durchzuführen und zu legitimieren.

In dieser Hinsicht befanden sich die deutschen Freimaurerinnen Ende der 80er-Jahre aber in einer prekären Situation. Sie zählten sich einerseits zu jenen, die Tradition als eine überkommene Ordnung verstehen, die man lernen und leben, verfolgen oder übertreten kann und bei der die Frage nach dem kulturellen Gedächtnis[54] im Vordergrund steht: „Was soll von uns und künftig kommuniziert werden?" Andererseits waren sie eine verschwindend kleine Gruppe, die gegenüber den großen Obödienzen noch nicht einmal ein vollständiges Drei-Grad-System aufweisen und insofern nicht einmal rituell als Freimaurerinnen auf Anerkennung hoffen konnten.

So sahen sie sich vor die Entscheidung gestellt, ob es nicht für die deutschen Freimaurerinnen in einer konzertierten Aktion deutscher Brüder oder französischer Schwestern eine Art nachgelieferter Einweihung in alle drei Grade geben müsste, um einen offiziellen Status nach den Vorstellungen der anderen Großlogen zu erhalten. Ähnlich wie die französische Frauengroßloge, die mit ihrem Standardritual, dem AASR (Alter und Angenommener Schottischer Ritus), ihre freimaurerische Tradition in Bezug auf Rituale wie auch Verwaltung ganz unverändert von den Brüdern übernommen und ebenso an die von ihr gegründeten Frauengroßlogen in Belgien, Italien, der Schweiz, Spanien, Portugal und der Türkei weitergegeben hat. Von daher waren die französischen Schwestern bereit, auch die deutschen Schwestern in ihre genealogische Kette aufzunehmen, d.h. einige Schwestern noch einmal im Kurzverfahren alle drei Grade durchlaufen zu lassen und sie somit zu ermächtigen, selbst die Weitergabe an die anderen Schwestern durchzuführen. Zu diesem Angebot gehörte die Zusage, die Rituale zu übersetzen und zu erlauben, dass sie in deutscher Sprache ausgeführt werden durften.

[54] Nach Aleida und Jan Assmann.

Das wird jedoch von der Mitgliederversammlung des deutschen Frauenbundes abgelehnt. Man will eigenständig bleiben, entscheidet sich für die Praxis der Initiation durch Lektüre und den performativen Vollzug eines von den Schwestern selbst durchgeführten Rituals. Eine solche Form ritueller Praxis befähigt die Teilnehmenden ritualtheoretisch ebenso zur Arbeit in den jeweiligen Graden, wie auch dazu, künftig selbst Aufnahmen, Beförderungen und Erhebungen durchzuführen, da – wie die Schwestern dies auch begründeten – das Ritual initiiert. Mit diesem mutigen Entschluss wird ein Gründungsmuster gewählt, das sich nicht aus Fremdautorisierung, sondern allein aus Sachkompetenz und Ritualvollzug herleitet.

Wer sich auf diese Weise über Studium das notwendige Wissen erwirbt und sich in einem performativen Vollzug die notwendige Ritualkompetenz sozusagen *„von heute an“* zuspricht, handelt im Sinne Durkheims[55], da sich Gemeinschaften *in Ritualen und durch Rituale* bilden, bei denen die performativen Prozesse der Interaktion und die Sinnzuschreibung im Mittelpunkt stehen. Eine unilineare Genealogie, wie sie in hierarchischen Systemen gefordert wird, ist dazu nicht zwingend notwendig.

So sind alle freimaurerischen Rituale entstanden. Am Anfang stehen immer ein oder mehrere Autoren.

Ihre Skripte lassen sich lesen und erschließen wie Dramen oder Drehbücher.

Und wie man auf alten Bildern erkennen kann, hat tatsächlich nur „der auf dem Stuhl“ das Buch, das heißt also auch den Text vor sich, nach dem gearbeitet wird. Da es sich vor allem bei den vielen Ritualschöpfungen in Frankreich und

[55] Siehe Theorie des Sozialen bei Emile Durkheim.

Deutschland in der zweiten Hälfte des 18. Jh. um durchaus üppig inszenierte Abläufe handelte, war immer zuvor das Lesen angesagt. Man fühlt sich sogar erinnert an den Regiestuhl und könnte hier durchaus eine Quelle für die doch recht seltsame Bezeichnung des „Meisters vom Stuhl“ vermuten.

Im Gegensatz zu ihren europäischen Schwestern sind die deutschen Freimaurerinnen – wie so viele im Rahmen der Ritualvielfalt – also *nicht* als ununterbrochene *genealogische* Kette aus brüderlicher Abstammung zu verstehen, sondern als eine *generative*, aus unterschiedlichen historischen, sach- und personenbezogenen Prozessen gewachsene Ritualgemeinschaft.
„*Gültigkeit*“[56] ist eine Sache der Vereinbarung und Anerkennung durch andere.[57] Indem sich die Frauen für ihren eigenen Weg entschieden, haben sie auch die Hoheit über ihre Rituale behalten und Fremdbestimmung vermieden. Sie sind in dieser Hinsicht die einzige „unabhängige“ Großloge im Verband der Frauengroßlogen Europas.
Ihre Geschichte unterscheidet sich von den anderen durch einen radikalen Befreiungsakt der Übernahme, in dem zwar die sinnstiftenden Werte und Ideale der Freimaurerei enthalten sind, die jedoch nicht über den rituellen Vollzug einer genealogischen „Familienzugehörigkeit“ erfolgt.
Die Mitwirkenden wie auch die künftigen Mitglieder müssen sich immer wieder neu über gelebte Ritualpraxis Anerkennung verschaffen. Dass dies den deutschen Freimaurerinnen gelingt, beweisen die inzwischen einhellig begeisterten Rückmeldungen der Schwestern aus den anderen Frauen-Großlogen, da sich auch deren ritueller Horizont bei ihren Besuchen in Deutschland erweitert.

---

[56] Vgl. dazu die Regularitätsfrage und -debatte bzgl. „nicht-regulärer“ Logen in der Freimaurerei.

[57] Siehe dazu Berger, Peter L. und Luckmann, Thomas: Die gesellschaftliche Konstruktion der Wirklichkeit. Frankfurt 1998.

Ritualentwicklung

Wird Ritualentstehung als ein performatives Geschehen verstanden, muss man die Momente des Herstellens und ihre Dynamik in den Fokus nehmen. Wie aus den Protokollen über die Erreichung der drei Grade ersichtlich, lagen den Schwestern Ende der 80er-Jahre bearbeitbare Vorlagen zur Beförderung und Erhebung vor, d.h. Rituale, wie sie aus brüderlichen Lehrarten über private Kontakte und Kontakte im Logenhaus weitergegeben und von einzelnen Schwestern be- und überarbeitet worden waren. Beachtenswert ist, dass die Vorlagen und markante Ritualteile immer von der Mitgliederversammlung (!) diskutiert und beschlossen wurden. Man zog sich dabei auch mal über ein Wochenende zurück in ein Kloster, um entsprechende Zeit und Ruhe für den gemeinsamen Weg zu haben. Dabei wurden durch den intensiven Vergleich unterschiedlicher Rituale bemerkenswerte neue Ritualpassagen geschaffen, über die wir heute nur staunen können. Diese Rituale wurden handschriftlich festgehalten und etwas später auch mit Schreibmaschine getippt und weitergereicht.

Da sich aber recht bald, insbesondere in der damals noch sogenannten *Ritualkommission,* die Idee entwickelt, dass eine offizielle Anerkennung seitens der Brüder doch vielleicht nur über den Nachweis eines „*regulären*" Rituals, erfolgen könne, wurden die vorhandenen Ritualskripte durch immer wieder neue Übernahme von Versatzstücken aus dem für einzelne Bruderehefrauen leicht zugänglichen AFAM-Ritual sukzessive umgestaltet.

Gearbeitet wird zunächst mit Einzelkopien von veränderten Seiten, die zwar in den Mitgliederversammlungen ausgegeben werden, jedoch häufig in den Aktendeckeln der Stuhlmeisterinnen liegen bleiben. Eine darauf folgende Weitergabe von Ritualveränderungen über Disketten scheitert häufig daran, dass diese nicht geöffnet werden

können. Sie scheitert aber auch, weil die Änderungen in der Mitgliederversammlung nur vorgegeben und dort weder inhaltlich noch formal besprochen werden.
Letztendlich scheitert die angedachte komplette Übernahme der AFAM-Rituale aber vor allem daran, dass die GL AFAM inzwischen selbst schon überarbeitete Rituale verwendet und die dort vollzogenen Veränderungen nicht von allen Freimaurerinnen nachvollzogen und akzeptiert werden können.

Die Beschäftigung mit den Ritualen unterliegt in der FGLD einer weiteren Eigendynamik, als der Computer Einzug in unsere Gesellschaft hält. Einige Logen beginnen in den 90er-Jahren damit, ihre Rituale in digitale Form zu bringen und diese ihren Mitgliedern zur Verfügung zu stellen. Da sich diese Dateien leicht bearbeiten lassen, werden in den Logen Regieanweisungen ergänzt, Worte verändert, Eindrücke aus anderen Lehrarten erprobt etc.
Begünstigt werden derartige Vorgänge durch die digitale Verbreitung und die zunehmend einfachere Zugänglichkeit maurerischer Rituale jeglicher Couleur im Internet.
Anhand oft sehr unterschiedlicher Ansichten und Ergebnisse lässt sich deutlich erkennen, dass aus der direkten Übernahme freimaurerischer Sinn- und Handlungsmuster von vertrauenswürdigen Brüdern Schritt für Schritt eine zunehmende Gestaltung in Eigenregie erwächst, mit der zugleich eine tiefgehende Verantwortlichkeit für das rituelle Geschehen erwacht – womit auch gleichzeitig für Konfliktstoff innerhalb der Schwesternschaft gesorgt ist. Das betraf insbesondere die Beförderung, die nach Vorgabe der Ritualkommission[58] in Übernahme des AFAM-Rituals Ende des 20. Jh. auf zwei Reisen reduziert und zudem mit einer völlig neuen symbolischen Handlung versehen wurde. Während die Ritualkommission diese Veränderung einfach setzt, wehrt sich ein Teil der Logen vehement dagegen.

---

[58] 2008 Umbenennung in „Ritualkollegium", siehe S. 53.

Begründet wird der Wunsch nach Beibehaltung des eigenen Rituals sowohl aus dem Bedürfnis nach wachsender Eigenständigkeit heraus wie auch aus der Überzeugung, dass die brüderlichen Ritualgestaltungen sachlich nicht nachvollziehbar und auch nicht konsistent sind. Für eine differenzierte Auseinandersetzung gibt es allerdings zu dieser Zeit weder Raum noch Kompetenz. Deshalb arbeiten ab 1999 die Logen nach zwei verschiedenen Versionen der Beförderung, wie es von der damaligen Großmeisterin nach gültigem Verfahren festgelegt wird.

Gleichzeitig wird damit um die Jahrtausendwende in der FGLD das Feld der Ritualkritik eröffnet. Die reflexiven und spekulativen Deutungen der Rituale, ihre Bausteine und Symbole sind mit zunehmender Ablösung vom Diskurs der Sinnstiftung für die Trägerinnen der Rituale nicht mehr eindeutig. Zu viele Versatzstücke aus verschiedenen Lehrarten machen sich als Brüche bemerkbar. Es gibt Rezeptionskonflikte und Verluste in der Narration und Erinnerung. Während einige Logen versuchen, durch eigene Recherchen und Studien wieder den Anschluss an ein überzeugendes Ritualkonzept zu finden, stellt sich anderenorts Gelassenheit und Gleichgültigkeit ein. Viele sehen die wohltuende Wirkung des Rituals gerade darin, dass das Nachdenken darüber vermieden wird und man verlässt sich auf eine angenommene magische Wirkungskraft (Agency) der symbolischen Gegenstände und Handlungen. Tatsächlich kommt es oft nur noch zu einem „rituellen Tun“ wie es der Kulturpsychologe Norbert Groeben[59] bezeichnen würde. Dabei stehen die Gestaltung von Raum und Gegenständen, die Diskussion um die rechte Art, die richtige Form etc. im Mittelpunkt; es ist zwar ein Wissen-dass vorhanden, aber welches Sinnpotential damit verbunden ist, ist zumindest für die Mehrheit der Beteiligten nicht vollständig erkennbar. In dieser ge-

[59] Groeben, N.: Verhalten, Tun und Handeln in Ritualen. In: Jungaberle, H; Verres, R.; DuBois, F. (Hg.): Rituale erneuern. Gießen 2006, S. 200 f.

fährlichen Situation greift tatsächlich auch immer mehr eine Vorstellung davon um sich, dass die Deutung von Ritemen und Symbolen der subjektiven Willkür überlassen werden könne oder gar müsse, damit Freimaurerei nicht zur Lehre werde und Dogmen kultiviere. Dabei scheint es sich auch um eine allgemeine, in der deutschen Freimaurerei immer mehr um sich greifende vermeintliche Offenheit zu handeln, deren spekulative und willkürliche Deutungen von Symbolen und Handlungen nicht nur zwischen intern und extern, sondern auch fröhlich zwischen der femininen und maskulinen Freimauerei oszillieren.

Wo schließlich – wie immer wieder zu beobachten – die Zugehörigkeit zu einer Loge nur als Erfüllung eines subjektiv bedeutsamen Statusgefühls dient oder als „*Frei-Zeit-Vertreib*" motiviert ist, kann man von „entleertem rituellen Verhalten"[60] sprechen. Die Folge davon sind logeninterne Kämpfe um Macht und Anerkennung, aber auch Gleichgültigkeit oder überzogene Ansprüche an materielle und eventorientierte Gestaltungsformen.

Zwischen Bricolage und Maßwerk – denn sie wissen, was sie tun

Während die feminine Freimaurerei in Deutschland dennoch Loge um Loge wächst, vergrößert sich auch die Bandbreite rituellen Wissens und Verständnisses, d.h. die sogenannte Ritualkompetenz. Dazu gehört die Beschäftigung mit internen und externen Forschungsergebnissen wie auch das Studium von Ritualtheorie und Ritualdynamik.

Es zeigt sich, dass die vorhandenen Schriften über Freimaurerei, sowohl die der deutschsprachigen Brüder wie auch die Erläuterungen

---

[60] Ebd.

zu Ritual und Symbolik aus den französischen Traditionen, in sich widersprüchlich, abhängig von Zeit und Verfasser und in der Regel rein spekulativer Natur sind.
Die Suche nach irgendeinem sinnstiftenden und gemeinsamen Ursprung erweist sich ebenfalls als schwierig. Da auch forschende Brüder nach mehr wissenschaftlich fundierten Hintergründen suchen und die Freimaurerei inzwischen auch als Forschungsobjekt in den Gesellschaftswissenschaften angekommen ist, weitet sich der Blick. Die Forschungsloge „Quatuor Coronati" entwickelt ein Konzept, das den Schwestern zwar keine reguläre Mitgliedschaft, aber Teilnahme und Mitwirkung an den Veranstaltungen wie auch den Bezug der Schriften ermöglicht.
Die Folgen sind fruchtbar. Einige Schwestern der FGLD eignen sich im Selbststudium, über die Mitarbeit im Ritualkollegium wie auch im Rahmen von Seminaren mit interner Weitergabe immer mehr Ritualkompetenz an.
Mit diesem ständigen Mehr an Wissen über die Entstehung und Herkunft verschiedener freimaurerischer Rituale und Symbole relativieren sich die gängigen Erzählungen. Vor allem wird deutlich, dass es *die* Freimaurerei und *das* Ritual weder gab noch gibt, jedoch verschiedene Entwicklungen und Strömungen, deren Verständnis nur mit Kontextwissen möglich ist.

Einige Schwestern, die in das im Jahre 2008 von Ritualkommission in Ritualkollegium umbenannte Organ der Großloge gewählt werden, beschäftigen sich über mehrere Jahre hinweg mit dem Studium und der Untersuchung der so genannten kontinentalen Tradition, d.h. mit den Ritualen „Wolston" und „Pereau", und suchen im Kontext der Adoptionsmaurerei nach einem Ankerpunkt für eine möglicherweise zu erstellende Tradition von Frauen. Ihre Ergebnisse geben der Beschäftigung mit dem Ritual weitere Nahrung. Übersetzungen aus dem Französischen und Niederländischen werden mit entsprechender Angleichung an die eigenen Rituale überregional im Rahmen von

Meisterinnentreffen durchgespielt und erörtert. Dabei wird an einzelnen Ritualelementen, besonders aber für den Meistergrad deutlich, dass man es immer wieder mit einer anderen und ganz spezifischen Auffassung von Freimaurerei zu tun hat, die das eigene Konzept in Frage stellt, aber auch etliche Inhalte verständlich macht, wenn man sie im ursprünglichen Kontext sieht.

Um das rituelle und historische Wissen auch den Logen zugänglich zu machen und umgekehrt die Schwestern der Logen nach altem Brauch an den Ritualdiskussionen teilnehmen zu lassen, wird in der FGLD im Jahre 2011 neben dem bereits existierenden Ritualkollegium die *Ritualkonferenz der Logen* gegründet. Das ist eine bis heute einmalige Erscheinung in der freimaurerischen Landschaft, ein Ort und ein Gremium, wo Vertreterinnen aller Logen miteinander an rituellen Fragen arbeiten können, Erfahrungen austauschen und aktuelle, wissenschaftlich fundierte Forschungsergebnisse vermittelt bekommen und in Kooperation mit dem Ritualkollegium gehen.

Entscheidend in diesem Prozess ist im zweiten Jahrzehnt des 21. Jh. die Wiederaufnahme des Ritualentwicklungsprozesses. Dazu treffen sich im Jahre 2014 die Schwestern aller Organe der FGLD in der Tagungsstätte Bethel, Haus Salem.

Man kann dieser Tagung den Status einer absoluten Einmaligkeit in der Geschichte der Freimaurerei zusprechen. Die Schwestern der bereits als außergewöhnliche Einrichtung bekannten Ritualkonferenz der Logen galten im Prozess als Vertreterinnen mit entsprechender Ritualerfahrung sowie als Garanten für die ständige Rückkopplung der Ritualentwicklung an die Ritualpraxis. Die Großbeamtinnen, die zuständig sind für die Zulassung von Ritualen, konnten sich durch ihre Mitwirkung an den ersten Entscheidungen sowohl selbst das notwendige Grundlagenwissen über die sachlichen und zukunftsorientierten Optionen beschaffen, wie auch ihren Teil zur künftigen Ritualgestaltung beitragen. Die Schwestern des Ritualkollegiums, wie auch weitere Schwestern mit Kenntnissen der Ritual- und Kulturwissenschaften, ergänzten das Spektrum mit ihren Perspektiven. Für „rituelles Handeln“ fordert Groeben, dass neben dem „Wissen-was“ und der Existenz einer Zielidee die „reflexive Durchdringung der kollektiven Sinndimensionen des Rituals“ vorhanden sein muss. Das heißt, rituelles Handeln muss gemeinsam durchdacht, mit einem gemeinsamen Sinn und Ziel versehen und vom Einzelnen verinnerlicht werden. Dann ist es *„eine lebendige Interaktion zwischen Menschen sowie zwischen Menschen und historisch gewachsenen Ideen.“*[61] Ein solches generatives Verständnis von Ritualen verweist auf die aktive Rolle, die Menschen einnehmen, die an einem Ritualgeschehen beteiligt sind. Es zeigt auch auf, dass jederzeit in den verschiedenen sozialen und historischen Situationen Ritualisierungen mit bestimmten Zielen geschaffen werden können. Wer sich für rituelles Handeln entscheidet, muss die Rolle aktiver Mitschöpfung als wertvolle Option empfinden.

Mit dieser Form der Arbeit am Ritual wird die Verfahrensweise der ersten Jahrzehnte der Freimaurerinnen in Deutschland bewusst fortgesetzt. In der Sprache des 21. Jahrhunderts würde man von einem Change-Prozess reden, da die Ritualentwicklung in der FGLD zu umfassenden und inhaltlich weitreichenden Veränderungen führt. Ausgehend von der wachsenden Einsicht in eine nicht mehr überzeugende und der gesellschaftlichen Realität entsprechende Arbeitsweise, sind die Zweifel an der Unveränderbarkeit von Ritualen gewachsen und das Verlangen nach Veränderungen nimmt zu. Das ist besonders interessant, weil es in einer Zeit passiert, in der man sich allgemein gerade sehr deutlich auf *die* Tradition der Freimaurerei bezieht. Ein schönes Beispiel dafür ist das 300-jährige Jubiläum der United Grand Lodge of England, das einfach zum 300-jährigen Bestehen *der* Freimaurerei deklariert wird. Und während man in der freimaurerischen Literatur in dieser Zeit zunehmend Bücher und Ar-

---

61 Jungaberle, Verres, DuBois, a.a.O., S. 22.

tikel findet, die versuchen, Bestehendes neu zu deuten[62] oder nach verständlichen Begründungen auch des Unverständlichen zu forschen, beginnt in der FGLD ein *Auftauen*[63]. Es bewegt sich etwas, teils unterschwellig, teils offen.

Veränderungsprozesse sind an sich kompliziert. Und gerade bei angeblich alten tradierten Bräuchen ist Veränderung oft nicht einmal nach großen Krisen oder Katastrophen möglich. Angesichts der Ritualdynamik, die zwar von Anfang an in der Freimaurerei deutlich nachvollziehbar ist, innerhalb des Systems aber so gut wie gar nicht thematisiert wird, findet also nun die Weiterentwicklung von Ritualen in der FGLD genau in jener Epoche statt, der Jan Snoek „eine Tendenz zum ‚Einfrieren' der Rituale"[64] konstatiert. Sie beginne in der zweiten Dekade des 20. Jh. und halte an, obwohl sich die westliche Kulturlandschaft mit großer Geschwindigkeit verändere.

Die Freimaurerinnen in Deutschland setzen ihren Sonderweg fort. Obwohl es natürlich auch innerhalb der FGLD große Diskussionen zu angedachten Veränderungen gibt. Zugpferde und Bedenkenträger treffen aufeinander. Während die Anhängerinnen einer „Archäologie des Wissens"[65] in den verschiedenen Wiederentdeckungen großes futuristisches Potential erkennen, nehmen die Vertreterinnen auf der Seite des *„das war doch schon immer so*" ihre Rolle als Gralshüterinnen ein. Der Prozess ist schwierig, weil es zwar Konzepte für mögliche Prozessabläufe des Wandels gibt, aber keine leistungsfähigen Konzepte dafür, dass der Wandel gewollt wird.

---

[62] Nach Hans-Hermann Höhmann.

[63] Begriff für die erste Phase der Veränderung in Gruppen oder Organisationen nach dem Modell von Kurt Lewin.

[64] Snoek, Jan: Forschen über Freimaurerei: Wo stehen wir? In: Ammen, Michael; Bettag, Klaus; Snoek, Jan A. M. (Hg.): Wurzeln der Freimaurerei. Driftsethe 2016, S. 23.

[65] Foucault, Michel: Archäologie des Wissen. Berlin 1981.

Levi-Strauss würde diese Prozesse als „Bricolage“[66] bezeichnen. Das heißt, die Schaffenden nehmen, was aus Traditionsbeständen auf sie zukommt. Dabei kann es sich um übermittelte oder selbst erworbene Wissensbestände, empirische Daten, Literatur, Erfahrungen, Haltungen, Ritualstücke etc. handeln. Sie bilden das Potential an möglichen Handlungs- und Orientierungsmustern, die in die Lage versetzen, neuen Situationen zu begegnen und sie zu bewältigen. Daraus werden Strukturen erarbeitet, indem man „Überreste von Ereignissen“ neu ordnet. Heißt im Kurztext: Die „Bricolage“ bedient sich vorgegebener Bausteine für neue Arrangements. Versteht man zudem die Umstände, die zu diesem Verfahren nötigen, als „Krisen“ und vergleicht das Vorgehen mit der Dynamik der Krise, wird Bricolage angesichts des Endes der bisherigen Routine zur Voraussetzung von Weiterleben und Erzeugen von Neuem.

---

[66] „Von seinen Vorhaben angespornt, ist sein [des Schaffenden]erster praktischer Schritt [...] retrospektiv: er muss auf eine bereits vorhandene Gesamtheit von Werkzeugen und Materialien zurückgreifen; eine Bestandsaufnahme machen oder eine schon vorhandene umarbeiten; schließlich und vor allem muss er mit dieser Gesamtheit in eine Art Dialog treten, um die möglichen Antworten zu ermitteln, die sie auf das gestellte Problem zu geben vermag. Alle diese heterogenen Gegenstände, die seinen Schatz bilden, befragt er, um herauszubekommen, was jeder von ihnen 'bedeuten' könnte. So trägt er dazu bei, ein Ganzes zu bestimmen, das es zu verwirklichen gilt, das sich aber am Ende von seiner Gesamtheit seiner Werkzeuge nur durch die innere Disposition der Teile unterschieden wird.“
Lévi-Strauss, Claude: Die Bricolage. In: Wirth, Uwe: Kulturwissenschaft. Berlin 2008, S. 211.

Arbeitsgrundlagen für eine derart offene Auseinandersetzung mit dem Ritualgeschehen bilden in der FGLD

a) die vier grundlegenden Zugangsfragen aus der Ritualtheorie[67]:

Was wird im Ritual zentral erzählt? Was soll erzählt werden?	= der "**Mythos**"
Was wird über Sprache vermittelt?	= der "**Text**"
Was geschieht im Hinblick auf die Gemeinschaft?	= die "**soziale Funktion**"
Was wird weitergegeben durch die Ritualpraxis in der Loge? Was muss beachtet werden?	= die **performative Praxis**

b) sowie die intensive Rahmenanalyse (**Framing**) als Werkzeug für die Gestaltung des Ritualablaufs

Mit diesen Instrumenten lassen sich sowohl das eigene wie auch fremde Rituale und Ritualpraxis vergleichend analysieren. Nicht ohne Widerstand aus den eigenen Reihen, denn im Wirkungsfeld des performativen Vollzugs verlässt man sich in der Regel darauf, dass die Rituale schon im bloßen Erleben des szenischen Miteinanders und mimetischen Nachvollzugs eine fundierte Ritualpraxis garantieren.

---

[67] Wulf, Christoph und Zirfas, Jörg: Performative Welten. In: dies. (Hg.): Die Kultur des Rituals. München 2004, S. 7 ff.

Und so ist es bis heute für viele Schwestern (und natürlich auch Brüder) im Prinzip ein Sakrileg, wenn in das Ritualwissen außer historischen Fakten auch Erkenntnisse anderer Wissenschaften, wie z.B. der Geschichts-, Gesellschafts- und Kulturwissenschaften, der modernen Psychologie oder Physik und Philosophie Eingang in die Auseinandersetzung mit dem eigenen Tun finden und rational darüber nachgedacht werden soll, in welchem dialogischen Verhältnis die Ritualinhalte und die Umsetzung der Ideale und Werte in aktuelle Lebenswirklichkeit zueinander stehen.[68]

Rituale leben durch Ritualdynamik

Rückblickend auf die Geschichte der freimaurerischen Rituale lassen sich diese als Erscheinungen definieren, die ständig im Fluss sind. Das entspricht den Erkenntnissen der modernen Ritualforschung[69], die Rituale als Bestandteil der Kulturgeschichte sieht und von daher die Entstehung, das Verschwinden, den Wandel und das Wandern von Ritualen für deren ordnungs- und sinnstiftenden Charakter gleichermaßen bedeutend einschätzt wie das Potential ihres Beharrungsvermögens. So gesehen war es sinnvoll, auch die freimaurerischen Rituale einer interdisziplinären Betrachtung zu unterziehen[70] und dabei festzustellen, dass die Freimaurerei sich bereits in ihrem mittelalterlichen, ideengeschichtlichen Vorfeld, dem Netzwerk der Baulogen in

---

[68]Als kleines Beispiel sei die Hiramlegende genannt, die über ihre historischen Verankerungen hinaus ganz lebenspraktisch als Mechanismus des mimetischen Begehrens samt seiner politischen Folgen zu einer tiefgehenden Reflexion aktuellster gesellschaftlicher Entwicklung im Sinne Renee Girards aufruft. Oder die Frage danach, wie der Begriff der Transzendenz angesichts von Quantenphysik zu sehen ist. Es gibt unendlich viele Fragen aus dem Heute und Morgen, lauter Impulse für ein spannendes Logenleben.

[69] Siehe dazu: Harth, Dietrich und Schenk, Gerrit Jasper: Ritualdynamik. Kulturübergreifende Studien zur Theorie und Geschichte rituellen Handelns. Heidelberg 2004.

[70] Siehe dazu Widmann, Helga „Kerngedanken der Freimaurerei“ 2020 (Fachpapier zur Ritualentwicklung FGLD).

England und Schottland, als eine Lebensform verstand, die richtungsweisenden humanistischen Idealen folgt. Wie viele Religionen und Philosophien definiert auch ihr Kerngedanke die Bestimmung des Menschen als ethische Aufgabe, dergestalt aktiv, d.h. schöpferisch an der Gestaltung der Welt mitzuwirken, dass Denken und Handeln dem innerweltlichen Gesamtwohl dienen.

Aus einem aufgeklärten Verständnis der Freimaurerei heraus war daraus folgend in den verschiedenen Phasen des Ritualentwicklungsprozesses eine kritische Reflexion der theatralen Parallelwelt von Ritualen nicht zu vermeiden.

Was legitimiert die Freimaurerei, sich ab der zweiten Hälfte des 18. Jh. bis heute als ein Geheim- und Einweihungsbund zu verstehen?

Besitzt das Spiel „*im*" Tempel, die Übernahme von Rollen und Ämtern, wirklich jene motivierende Kraft zur Entwicklung einer ethisch-moralischen Haltung und Handlung, wie sie ihm unterstellt wird?

Wird das Symbol des Salomonischen Tempels als Bildgeber für die Vision einer gerechten und vollkommenen Welt seiner Aufgabe noch gerecht, den Menschen daran zu erinnern, seine Lebensform grundsätzlich auf das Allgemeinwohl auszurichten?

Was begründet die oft geäußerte Meinung, die Freimaurerei dürfe sich nicht mit Politik beschäftigen, wenn doch eine „bessere" Welt nur durch politisches Handeln, d.h. ein Handeln mit Wirkung in der Welt, möglich wird?

Unter diesen und weiteren Gesichtspunkten schien es an der Zeit zu sein, sich konsequent dem Vergangenen zu stellen. Das heißt, hinter die allgemein verbreiteten Mythen und Erzählungen zurück zu gehen und die ganz alten, zurückgedrängten, aber immer noch für gut befundenen Ideen dahingehend zu prüfen, welche Anregungen sie für zukunftsfähige Inhalte und Formen bieten. Denn sie können neue Gestalt gewinnen und die Freimaurerei der Zukunft prägen, wenn man versucht, mit den Augen von heute das unentwegt Weiterwirkende herauszuarbeiten.

Das Ritual der FGLD 2020 ist auf diese besondere Weise geschaffen, mit neuen Erkenntnissen wie auch Rückgriffen versehen und zu einer sogenannten Konsolidierungsfassung weiterentwickelt worden. Es kann in seinen Eckpunkten wie folgt beschrieben werden:

- Ziel ist die „aktive Meisterin" angesichts der Tatsache, dass die freimaurerischen Kerngedanken seit dem Mittelalter mit ihrem ethisch-moralischen Anspruch immer schon eine Aufgabe für die Gestaltung der Lebenswirklichkeit und deshalb im Sinne von Hannah Arendt[71] „politisch" waren und sind. Symbolisch wird dies dadurch umgesetzt, dass die Aufzunehmenden aufgefordert werden, sich selbst die Augenbinde abzunehmen, um zu erkennen, wie wichtig der eigene Antrieb ist, offen in die Welt zu schauen.
- Die Rituale konzentrieren sich in allen drei Graden auf die bildhafte Idee einer Handwerksgemeinschaft. Die Arbeit mit den auf das Bauhandwerk konzentrierten Sprachbildern fordert auf, die Eigenschaften und Funktionen geistiger Werkzeuge und Tätigkeiten zu entdecken, zu entfalten und unter Einsatz von Verstand und Vernunft in immer wieder neuen Einsatzfeldern zu erproben und zu nutzen.
- Der Gesellen- und Meistergrad verstehen sich von daher als eine schwerpunktmäßige und vertiefende Beschäftigung mit den immer wiederkehrenden Themen des Lebens auf der Welt, mit der Suche nach Erkenntnissen für ethisch-moralische Lösungen und mit der Festigung einer auf Gleichheit,

[71] Arendt, Hannah: Fragwürdige Traditionsbestände im politischen Denken der Gegenwart. Vier Essays. Frankfurt a. M. 1957.

Freiheit und Brüderlichkeit hin orientierten Handlungsfähigkeit.

- Ein zentraler Arbeitsschwerpunkt jeder rituellen Arbeit ist dazu der aufgeklärte Diskurs (Mitwirkung am Entwurf), in den sich die Anwesenden mit den eigenen Kompetenzen einbringen, um gemeinsam Lösungen für die Umsetzung der Werte und Ideale in einem verantwortungsvollen innerweltlichen Engagement im Sinne des Gemeinwohls zu suchen.
- Die Wiederaufnahme von Gedanken und Textstellen aus Quellen wie den alten Manuskripten und Werklehren, führt weg von den engen, oft romantisch-moralisch geprägten Deutungen und lässt zum Beispiel den rauen Stein wieder ganz allgemein irgendeine Aufgabe, ja Herausforderung sein, die sowohl allein wie auch gemeinschaftlich zur Erprobung und Anwendung der geistigen Werkzeuge aufruft.
- Die Mitglieder einer Loge sind von daher weder von sich selbst noch von den andern unter dem Begriff der Unvollkommenheit einzuordnen. Gefragt sind, auch schon für die Aufnahme von neuen Schwestern, die Fähigkeiten und Fertigkeiten, die mit- und eingebracht werden können, damit die Loge arbeitsfähig ist und Freimaurerei in der Lebenswirklichkeit sichtbar wird.

Noch befinden sich die Rituale in einer bewusst offen gehaltenen Einführungsphase. Das heißt, sie müssen noch beobachtet und auf die Unterschiede zwischen Soll und Ist bezüglich der Zielerreichung geprüft werden. Die durch die Pandemie aktuell hervorgerufene Verhinderung einer normalen Ritualpraxis verzögert zwar einerseits diesen Ablauf, sie schafft aber vielleicht auch zwangsläufig die Gelegenheit, im Notfall sogar eine „literarische" Aufnahme, Beförderung und Erhebung vorzunehmen. Das heißt, die Rituale können nur gelesen und besprochen werden. Und auch hier zeigt die Vergangenheit den Weg in die Zukunft. Auf diese Weise haben sich die Menschen bei allen Ritualen am Anfang die Voraussetzung geschaffen, für und mit anderen durchführen zu können, was man sich für das Drehbuch ausgedacht hatte. Vielleicht wird dabei – im Gegensatz zum performativen Erleben – auch die eine oder andere Textstelle viel intensiver reflektiert.

Ritualentwicklung FGLD kurz

Jahr	Phase	Inhalt
1950	Phase 1 **Vorformen**	**Das erste Ritual** von Brr. durfte nichts Freimaurerisches enthalten und war auf die Zahl 4 abgestimmt.
1963		es gibt ein erstes „Aufnahmeritual" - wenig „Freimaurerisches"
1982		werden die „Geheimnisse" des Lehrlingsgrades eingeführt.
1975	Phase 2 **Startrituale**	anhand von AFAM-Ritualen **ein eigenes Aufnahmeritual, ein Ritual I und ein Tafelritual** von Br. Lehmann genehmigt
1984		**Sr. Dreßler und Sr. Nagler haben ein Festritual entworfen, das zum Johannisfest zum ersten Mal benutzt wird.** Dieses Festritual soll die Gurndlage für das **neu zu erarbeitende Aufnahmeritual** sein.
1984 1985	Phase 3 **Erste eigene Rituale**	**Vorläufiges Ritual I**
1985		**erster Entwurf für die Beförderung** von Sr. Dempewolf. Sr. von Puttkamer schreibt ebenfalls **an einem Beförderungsritual**.
1989	Phase 4 **Eigene** Weiterentwicklung **der vorhandenen Fassungen**	**Verteilung und Einsetzung der Rituale I-III** mit Aufnahme, Beförderung und Erhebung (vermutlich unter Mitarbeit von Br. Lehmann und Br. Baumert erarbeitet)
dazwischen		Fassungen ohne Jahreszahl - Elektrische Schreibmaschine und erste Computerfassungen (Tintenstrahldrucker)
April 1993	Phase 5 **Übernahme der AFAM-Rituale**	**Beginn der Ausrichtung an AFAM-Ritualvorlagen, Erläuterungen und Instruktionstexten** - Sr. Luckas
1993		**Ritual I der Großloge Zur Humanität** Lehrlingsgrad mit Aufnahme **Ritual II der Großloge Zur Humanität** Gesellengrad mit Aufnahme (5 Reisen)
1994		**Ritual III der Großloge Zur Humanität** (1. und 2. Entwurf) Meistergrad mit Erhebung
1995		Neufassung *Lichteinbringung II* Licht kommt von außen
1996	Phase 6 Beginn Ritualkritik	Kritik an der Praxis der Erstellung und Einsetzung der Rituale sowie an der Angleichung an die Rituale der AFAM-Brüder
1998 1999		**Gravierende Änderung Beförderungsritual (2 Reisen)** **Aber: Beibehaltung der bisherigen Beförderung (5 Reisen)**
2008	Phase 7 **Eigenständige Weiter-entwicklung**	Ritualrahmen neu
2012		Beginn der Weiterentwicklung - Ritualkonfererenz der Logen Einbezug von Ritualforschung **Erarbeitung von Konsolidierungsfassungen**
2016/2017		Erhebung, Beförderung,

III Regularität - ein Scheinproblem?

> *Das Wort „Scheinproblem" wird im alltäglichen Sprachgebrauch in der Regel in kritischer Absicht verwendet, um die Aufmerksamkeit in Frage zu stellen, die jemand auf die Lösung eines bestimmten Problems verwendet. Die damit im Wort zum Ausdruck gebrachte Kritik ist, dass sich dieses Problem eigentlich nicht stelle. Wer es zu lösen versucht, hat entweder nicht erkannt, wie leicht dieses Problem tatsächlich lösbar wäre, oder er investiert hier Mühen auf ein kaum lösbares Problem, um sich nicht mit Problemen auseinander setzen zu müssen, deren Lösung für ihn viel wichtiger wäre. […] Vielmehr soll man hinter dem falsch gestellten Problem das echte Problem suchen, das in der Regel ein erkenntnistheoretisches sei.*[72]

Rückblick und Einblick

> *„Unsere Kapitel sind nicht anerkannt, aber immerhin seit 1949 geduldet, weil wir uns aus diplomatischen Gründen nicht ‚Loge', sondern zunächst ‚Zirkel' und dann ‚Kapitel' nannten. Aber immer war und ist unser Fernziel, dass die freimaurerisch und rituell arbeitenden Frauen einmal am Tage X gleichberechtigt neben den maskulinen Logen anerkannt werden."*

Christa von Puttkamer, Schwester der ersten Freimaurerinnengeneration in Deutschland, schrieb diese Zeilen Mitte der 80er-Jahre an eine junge Meisterin vom Stuhl. Zur Zeit des Briefwechsels gehörte

---

[72] https://de.wikipedia.org/wiki/Scheinproblem [2019-08]

deren Loge noch nicht zu dem 1982 in Berlin von Brüdern gegründeten femininen Großkapitel „Zur Humanität“, sondern war 1983 von den Brüdern in Mannheim in Arbeit gesetzt worden. Angesichts der Gleichberechtigung als Bestandteil der Verfassung unseres Landes schien es für jene Schwester an der Zeit zu sein, die Mitwirkung von Frauen auch auf dem Feld der angeblich humanistisch eingestellten und freiheitlich denkenden Menschen zu konkretisieren, die bis dato auf der Freimaurerei als einem reinen Männerbund beharrten.

Ein Zeitungsartikel[73] über die Gründung der Mannheimer Frauenloge sowie ein Raunen über gewisse Aktivitäten von Berliner Freimaurerinnen machte sodann die Runde durch einige maskuline Logen in Deutschland und gelangte schlussendlich auf verschlungenen Wegen in das englische Großmeisteramt. Umgehend erging von dort ein offizielles Schreiben an den Großmeister der VGLvD,

> *„man möge für eine scharfe Trennung von Brr. und Srn. sorgen, um nicht die Gefahr einer Aberkennung heraufzubeschwören...“*[74]

Die Angst vor einer schleichenden Auflösung maskuliner Rückzugsräume bewegte als Frage von „Regularität“ die deutsche Freimaurerlandschaft. Bis dato waren die Brüder ja immer noch ständig beobachtend und teils auch belehrend als Gäste bei den rituellen Arbeiten der Frauen in Berlin anwesend gewesen und sahen sich selbst in der Rolle von Garanten für die Orientierung der Freimaurerinnen an traditionellen Gesetzmäßigkeiten und historisch bekannten Autoritätsstrukturen (wie z.B. jenen der UGLE).

---

[73] Im Besitz der Mannheimer Frauenloge „Unitas“.

[74] Zitiert aus C.v. Puttkamer: Brief vom 18.5.1985. Privatbesitz der Mannheimer Loge „Unitas“.

Die von ihnen gewählte Form der Unterstützung verletzte aber rein theoretisch die Regularien der „Basic Principles“ aus dem Jahre 1929 gar nicht direkt, denn diese waren dehnbar formuliert:

> *„Nur Männer können Mitglieder einer Einzelloge und damit der Großloge sein.“*

Tatsächlich waren die Frauen ja eben genau weder Mitglieder einer maskulinen Einzelloge noch der Großloge, sondern „Zirkelschwestern“ bzw. Vertreterinnen ihres „Kapitels“.

Auch die weitere Bestimmung, dass die

> *„Großloge […] keine maurerische Verbindung mit gemischten Logen oder Vereinigungen unterhalten, die Frauen zulassen [darf]“,*

war ja im weitesten Sinne eingehalten worden, weil es sich effektiv nicht um Aktivitäten der Großloge, sondern „nur“ um solche einzelner Brüder handelte.

Obwohl die Argumentation theoretisch überzeugend schien, gab es für die Brüder angesichts der drohenden Sanktionen letztendlich doch nur die eine Entscheidung, wenn sie weiterhin ihre Beziehungen zur UGLE und den ihr zugehörigen freimaurerischen Vereinigungen aufrechterhalten wollten: fristlose Entlassung der drei Frauenlogen (und mit ihnen das Großkapitel in Berlin) aus dem bis dahin bestehenden Schutz der Großen Nationalen Mutterloge zu den drei WK sowie dem Schutz der Distriktslogen Berlin und Hessen.[75] Die Mannheimer Schwestern legten daraufhin zeitnah in Folge der Ereignisse einen heiligen Eid ab, niemals mehr Brüder in den Tempel

[75] Beschluss des Vorstands der GL AFAM und des DMT vom März 1983 Schreiben des GM Br. Bornschein (zwischen März und Mai 1983) sowie lt. Schreiben des Großkanzlers der GL AFAM vom 17.03.1983 an das Großkapitel „Zur Humanität“.

zu lassen. Die UGLE selbst reagierte in der Neufassung der „Basic Principles“ 1989 auf die Frauenfrage mit der verschärften Formulierung:

> *„Freimaurer innerhalb ihrer Zuständigkeit müssen Männer sein und sie und ihre Logen dürfen keine maurerische Verbindung zu Logen haben, die Frauen als Mitglieder aufnehmen.“*

Auf diese Weise wurde die Frauenfrage dezidiert geklärt und die Verantwortung für die Einhaltung der britischen Regularitätsbestimmung flächendeckend in jedem Bruderherz innerhalb der sogenannten regulären Freimaurerei verankert.

System erhalten – Grenzen ziehen

Nach Luhmann[76] handelt es sich bei derartigen Vorgängen um die idealtypische Erscheinung des Phänomens einer „Systemerhaltung“ durch „Grenzerhaltung“ gegenüber alternativen Systemen. Das heißt, die eigenen Interessen müssen klar verortet und die Beziehungen zwischen dem eigenen und dem fremden System ebenso klar definiert werden. Außer der Herstellung von Differenz muss das System selbstreferenziell funktionieren und fähig sein, sich selbst zu erhalten. Anderson war sich dessen wohl bewusst, als er die „Alten Pflichten“ von 1723 zu Papier brachte und in derselben Funktion ist später die Ausgabe von „Basic Principles“ (1929) und ihre Überarbeitung im Jahre 1989 (!) zu sehen. Als Regularien haben sie einen konkreten gesellschaftlichen Ort und vertreten die konkreten gesellschaftlichen Interessen einer ganz bestimmten Zeit.

---

[76] Luhmann, Niklas: Soziale Systeme. Berlin 1987.

Bereits im Einleitungssatz wird der Anspruch einer von Männern geschaffenen Vereinigung auf Jurisdiktion, d.h. auf einen entsprechenden Bereich örtlicher Zuständigkeit artikuliert:

> *„Um als rechtmäßig durch die ‚United Grand Lodge of England' anerkannt zu werden, muss eine Großloge die folgenden Regeln beachten: ...“*[77]

Wer diesem Anspruch und den dazugehörigen Regeln zustimmen kann, kommt als Vertragspartner in Frage. Wer als Vertragspartner antritt, muss sich an die Regeln halten. Auch wenn es sich hier um Regeln und Gesetze einer Vereinigung handelt, bei denen nur von den Angehörigen verlangt werden kann, sich an dieselben zu halten, so wirken sie doch im Sinne rechtlicher Dispositiva, d.h. im Sinne von Regeln als unerlässliche Bedingungen für die Zugehörigkeit. Geändert oder gar ganz verworfen werden können sie nur, wenn im besten Fall alle Partner gemeinsam andere Regeln vereinbaren oder der regelgebende Hauptakteur autoritär agiert.

Die Vereinigten Großlogen von Deutschland (VGLvD) haben 1958 in dieser Form die „Basic Principles“ als Grundlage ihrer Beziehungen zu ihrer Mutter-Großloge als verbindlich anerkannt. Sie müssen sich deshalb auch an die konstitutiven und regulativen Bestimmungen halten, d.h.

- an die Konstitutionsregeln zur Einsetzung von Logen und Großlogen,
- an die Statusregelungen (Autonomie, Vollmacht über die drei symbolischen Grade),
- an die Geschlechterregelung und
- an die Bedingung eines mitzubringenden Weltbildes (Glaube an ein höchstes Wesen).

---

[77] Holtdorf, Jürgen: Basic Principles – neu gefasst. In: Humanität 1989, 5.

Darüber hinaus sind bestimmte Handlungsweisen (keine Diskussion über Religion und Politik) sowie bestimmte Einrichtungsgegenstände (Bibel, Winkelmaß und Zirkel) vorgeschrieben. Die Regel wird aus dem von der UGLE deklarierten Recht gebildet, von dort aus auf das maurerische Leben angewandt und schreibt ein bestimmtes Verhalten vor. Wer sagen kann: „*Das will ich auch*", fügt sich aus freiem Willen und in Akzeptanz der Folgen seines Entschlusses in die Vorgaben.

Auch die Freimaurerinnen konnten sich einer Verortung und Sicherung ihrer neu geschaffenen Systemstrukturen nicht entziehen. Rein theoretisch hätten sie alternativ die Arbeit in einer gemischten Obödienz anstreben oder den Anschluss an eine bereits existierende Obödienz suchen können. Sie definierten sich jedoch bewusst als eigenständige Frauengroßloge und begründen die Beibehaltung der Geschlechtertrennung in ihrer Großlogenordnung wie folgt:

> *„Die Vorteile der getrennt-geschlechtlichen Arbeit auf Zeit unterstützen die Arbeitsprozesse und das Zusammentreffen mit Frauen aus mehreren Generationen und verschiedenen Kulturen."*[78]

Es fällt auf, dass diese Definitionskriterien nicht regelsetzend formuliert wurden, sondern vielmehr als Chance, nicht Autorität auszustrahlen und Gehorsam einzufordern, sondern alternative Denkweisen auf der Basis zukunftsrelevanter Erfahrungen zu entwickeln (z.B. durch den expliziten Hinweis auf „verschiedene Kulturen" und in Bezug auf getrennt-geschlechtliche Arbeit). Diese Darstellungsform ähnelt sogar schon beinahe einem Werbetext („Die Vorteile...") und entspricht so gut wie gar nicht der aus dem brüderlichen Kontext bekannten Sprachform freimaurerischer Bestimmungen. Auch hier spielten der konkrete gesellschaftliche Ort und die konkreten Interes-

[78] Großlogenordnung der FGLD, Artikel 3 Abs. 7.

sen der Entstehungszeit der Frauenlogen in Deutschland eine Rolle. Ein anderer Ort und andere Interessen.

Identität durch Genealogie

Ahnenstolz war schon immer ein menschlich wichtiges Programm. Durch den Verweis auf Abstammung wird das eigene Ansehen, der Anspruch auf Herrschaft, eine bevorzugte gesellschaftliche Stellung gefördert, gestärkt und legitimiert. Dies gilt gleichermaßen für ‚geistige' Überlieferungen. Wenn deren Erhalt gesichert werden soll, wird ein Abstammungsmythos geschaffen und weitererzählt.
Die Entstehung und Weitergabe gründet auf einem Willensakt, mit dem mehr oder weniger bewusst versucht wird, zur Sache, um die es geht, einen Rahmen von Überzeitlichkeit herzustellen. Zum Beispiel durch die Regel:

> *„[Die Loge] muss gesetzmäßig durch eine rechtmäßige Großloge eingesetzt worden sein …"*

Hier wird die Zugehörigkeit über eine Stiftungsurkunde hergestellt, d.h. über das formale Design einer juristischen Transaktion zwischen den Gebenden und Nehmenden. So bezeichnet nach dem Muster römischen Erbrechts als „Traditio".

> *„Die Übertragung von Rechten und Pflichten, Autorität und Macht, Besitz und Eigentum muss über die Todesschwelle hinweg geregelt sein, damit Gesellschaften fortbestehen können."*[79]

[79] Assmann, Aleida: Zeit und Tradition. Köln 1999, S. 93.

Die Kraft des Vermächtnisses wirkt wie eine übertragene Form von Genealogie, wie wir sie modellhaft aus der Blutsverwandtschaft kennen. Auf diese Weise erhält die Entstehungsgeschichte einer Großloge oder einer Loge eine gewisse Sicherheit für die Beurteilung ihrer Rechtmäßigkeit z.B. durch eine „stammbaumartige Ableitung“[80] der sogenannten regulären Logen und Großlogen von der United Grand Lodge of England (UGLE).
Laut Internationalem Freimaurerlexikon[81] wird auch die Loge durch einen Stiftungsakt „vollkommen und gerecht“. Neben der Anzahl notwendiger Mitglieder für die Logengründung ist dies eine freimaurerische Wertvorstellung, die sich erst nach der Gründung der ersten Großloge entwickeln konnte, die als Oberbehörde die Gesetze für die Gesamtheit erstellt.
Diese Bezeichnung lässt sich allusiv auf das 5. Buch Mose, Kapitel 32,4 (Deuteronomium) beziehen, wo es heißt: „Er ist der Fels; vollkommen ist sein Tun; ja, alle seine Wege sind gerecht“. Gemeint ist die Wesenshaltung und das Handeln Gottes, wovon sich das Wesen der Loge herleite. Auch wenn Gott über allen innerweltlichen Erscheinungen steht, kann er doch durch den Schöpfungsakt als Ursprung gesehen werden. Die Abstammung der Loge bzw. Großloge verkörpert dies modellhaft, wenn sie sich von daher auch selbst laut Ritualtext als *„vollkommen und gerecht“* versteht. Nietzsche würde das als Akt einer privilegierten Gesellschaftsschicht auslegen, die auf diese Weise ihre eigenen Handlungen definiert und sich selbst zum Erben ernennt.

Ein Blick in die Statuten von CLIMAF, dem Verbund der europäischen Frauengroßlogen zeigt, dass es auch hier nicht ganz ohne formale Grundlagen geht. Auch die Frauenlogen bezeichnen sich als

[80] Nach Lennhoff, Eugen; Posner, Oskar; Binder, Dieter A.: Internationales Freimaurerlexikon. München 2003, S. 341.

[81] Ebd.

vollkommen und gerecht, definieren sich dabei jedoch aus dem rituellen Kontext heraus.

> *„Sie (die femininen Obödienzen) erklären, die Obödienzen und Logen anzuerkennen, die als gerechte und vollkommene Logen arbeiten, d.h. Logen, die aus mindestens sieben Meisterinnen zusammengesetzt ist, die in ihrem Ritual die Bausymbolik verwendet, an einem gesicherten Ort und mit den beiden Säulen J und B, den drei großen Lichtern der Freimaurerei, insbesondere Winkelmaß und Zirkel arbeitet."*[82]
> Usw.

Ausschlaggebend für die Einordnung und Anerkennung einer Loge – nicht von einer Muttergroßloge, sondern untereinander – sind die Initiation und die Formen ritueller Arbeit. Besuchende müssen sich als Freimaurer ausweisen können, sie werden nach den traditionellen Fragen der Werklehren geprüft, nicht nach Zugehörigkeit zu einer bestimmten Großloge oder Lehrart. Und dann geht es zu wie im ganz normalen Leben. Man muss Vertrauen untereinander aufbauen und sich gegenseitig mit der Arbeit des anderen vertraut machen. Wenn im Laufe der Zeit die Kontakte zwischen Obödienzen wachsen, man sich näher kennen- und schätzen lernt, werden Freundschaftsabkommen geschlossen.

Diese Form einer Anerkennung erfolgt unter den Frauengroßlogen und innerhalb der FGLD weder über formale Zugehörigkeiten noch über Genealogien, sondern einzig und allein über die initiatorische Weitergabe und deren Qualität. Für die Annahme als Mitglied der FGLD gibt es den Akt der sogenannten Lichteinbringung. Bei dieser rituellen Arbeit eröffnen die Ritualbeamtinnen der Großloge die Arbeit und geben „*das Licht*" in einem symbolischen Akt aus ihrer Arbeit an die Schwestern der neuen Loge weiter. Geprüft wird dabei

[82] Auszug aus der deutschen Übersetzung der CLIMAF-Statuten.

nur, ob die neue Loge über die notwendige Ausstattung verfügt, um als Loge arbeiten zu können.
Für die Aufnahme ins CLIMAF sind sieben überzeugende Jahre maurerischer Arbeit notwendig, plus eine dreijährige Phase Übergangszeit, in der man gegenseitig die Fähigkeit zur Kooperation auf den Prüfstand stellt. Die Bedingungen werden jeweils von allen neun Obödienzen gemeinsam erstellt.

Wie hältst du's mit der Religion? Imperiale Ansprüche und Translatio

Im Jahr 2008 konnte die englische Frauengroßloge „The Order of Women's Freemasonery" in London ihr 100-jähriges Bestehen feiern, 2016 die zweite englische Frauengroßloge „The Honourable Fraternity of Ancient Freemasons"[83]. Es gibt heute über 12.000 Freimaurerinnen im Vereinigten Königreich, in Australien, Kanada, Südafrika, Spanien und Zimbabwe, Bukarest und Gibraltar.
Offizielle Beziehungen mit den Brüdern gibt es nicht, obgleich auf der Website der UGLE auf die Tatsache verwiesen wird:

> *„The United Grand Lodge of England have, in a statement of 10th March 1999, acknowledged the regularity and sincerity of women's Freemasonry although they do not officially recognize it and their members cannot take part."*[84]

---

[83] Gegründet am 27. November 1913.

[84] Die Vereinigte Großloge von England hat in einer Erklärung vom 10. März 1999 die Regularität und Ernsthaftigkeit der Frauenfreimaurerei bestätigt, obwohl sie diese nicht offiziell anerkennt und ihre Mitglieder nicht teilnehmen können (Anm.: im Sinne einer Mitgliedschaft in der UGLE).

So gilt auch für die englischen Freimaurerinnen:

> *„Freimaurerei wird (…) nach Grundsätzen oder Regeln ausgeübt gleich denen, die durch die UGLE während ihrer geschichtlichen Entwicklung festgelegt wurden.“ Und das heißt: keine Frauen.*

Interessant an dieser Stelle ist aber auch, dass beide englischen Frauengroßlogen trotzdem keine Kontakte mit den Schwestern auf dem Kontinent und deren Logen weltweit aufnehmen.
Beim Seitenblick auf die britische Geschichte im 18. und 19. Jh., in deren Kontext die Entstehung der Freimaurerei steht, drängt sich nicht nur für die Sicht der Brüder und ihr Verhältnis zum Kontinent, sondern auch für das Verhalten der Freimaurerinnen in England eine gewisse Parallele zwischen dem Selbstverständnis einer United Grand Lodge und dem United Kingdom auf. Im 18. Jh. lebte Großbritannien entscheidend von der Bedeutung seiner Seefahrt und startete nach Napoleons Ende in sein imperiales Jahrhundert. Neben der Machtstellung in ihren Kolonien erwarben die Briten durch ihre Handelsmacht großen Einfluss auf die Innenpolitik eigentlich unabhängiger Staaten.
Vor allem aus der Perspektive protestantischer Ethik schien der Erfolg des British Empire mit seinem ungebrochenen Wachstum der direkte Ausdruck eines göttlichen Willens zu sein. Und wer ein Weltreich regiert, kann natürlich als Weltpolizist auftreten und die Einhaltung von Norm-Modellen einfordern. *Rule, Britannia! Britannia, rule the waves.*
Mit dem Ende des British Empire aber nahte auch das Ende seiner Legitimation durch eine göttliche Instanz. Genau in diesem Moment, als 1929 der ökonomische, politische und soziale Wandel den Zerfall des britischen Imperiums bewirkt, erscheinen die „Basic Principles“ der UGLE. Die Vermutung liegt nahe, dass hier ein typischer Translatio-Prozess stattfindet. Gemeint ist die Verlagerung eines gefühlten

imperialen Erbes, das nationalstaatlich nicht mehr gelebt werden kann, in eine symbolische Konstruktion. Über die „Basic Principles" wird im postimperialen Kontext in der Freimaurerei wieder ein transnationales Konzept geschaffen. Mitgenommen wird der Glaube „an den GBaW und seinen geoffenbarten Willen", denn nur durch ihn ist es möglich, die institutionelle Struktur der Freimaurerei als eine Kreation aus dem Schöpfungs- und Weltenplan heraus glauben und annehmen zu können. So schreibt Desaguliers über die „Basic Principles":

> *„Diese Verfassung ist ein wahrer und genauer Bericht über die Maurerei von den Anfängen der Welt ...."*[85]

Im Objekt der Übertragung, dem Status und der Legitimation der Großloge soll – wie einst im Empiregedanken – die eigene Legitimation durch Transzendenz vorhanden sein, sodass der imperiale Habitus weiter gelebt werden kann. Es gibt mittlerweile in den Kulturwissenschaften einen eigenständigen Forschungsbereich[86], der sich mit den Erbschaften des Imperialen beschäftigt und die Funktions- und Wirkungsweise derartiger Verschiebungsprozesse untersucht.
60 Jahre später, in der Fassung von 1989, entfällt der Bezug auf die göttliche Instanz, die sich in der Welt und in ihr auch in der Konstruktion einer UGLE offenbare. Jetzt müssen Freimaurer nur noch „*an ein höchstes Wesen*" glauben, vermutlich weil eine Legitimation durch Transzendenz angesichts der gesellschaftlichen Realität am Ende des 20. Jh. nicht mehr zu halten ist.

---

[85] Desaguliers, John Theophilus: Widmung. In: Die Alten Pflichten von 1723. Bauhütten Verlag, Bonn 1989, S. 5.

[86] Vgl. dazu http://www.zfl-berlin.org/veranstaltungen-detail/items/translatio-begruendungen-und-erbschaften-des-imperialen.html [2022-01]

Seitens der UGLE wird aber dennoch vorgeschrieben:

> *„Die Diskussion über Religion und Politik innerhalb der Logen muss verboten sein."*

Historisch lässt sich dieses Anliegen sehr gut verstehen. Anderson und der Gründungsakt der GL in London stammen aus einem Zeitalter, das noch nachhaltig geprägt ist von der Reformation, den radikalen Abspaltungen und den Religionskriegen. Die Religion wird zur Quelle größter Uneinigkeit, wenn sie im öffentlichen Raum auftritt. Ist Religion dagegen privatisiert, darf jeder seine Religion ausüben, aber damit nicht Politik machen. Anderson hat diese Haltung seiner Zeit auf das Logenleben übertragen und in den Alten Pflichten festgehalten:

> *„Als Maurer gehören wir nur der allgemeinen Religion an (...); wir wenden uns entschieden gegen alle politischen Auseinandersetzungen, die noch niemals zum Wohle der Loge beigetragen haben und es auch niemals tun werden. Diese Pflicht wurde schon immer streng eingeschärft und befolgt, besonders aber seit der Reformation in Britannien oder seit dem Abfall und der Trennung unserer Gemeinschaft mit Rom."*[87]

Diese Trennung von Loge und Religion bzw. mit dieser Politik zu machen, ist im historischen Kontext dieser Zeit unabdingbare Voraussetzung für eine tolerante und friedvolle Gemeinschaft. Ein derart gestaltetes Logenwesen konnte als Modell für die gesellschaftliche Wirklichkeit erlebt werden und seine Verwirklichung u.a. auch in der Verfassung der Vereinigten Staaten von Amerika finden, zu der bekanntermaßen die Freimaurerei beitrug.

---

[87] Die Alten Pflichten von 1723. Bauhütten Verlag, Bonn 1989, S. 15.

Heute gehen wir von der Erkenntnis aus, dass es keine von aller Religion freie Einstellung gibt, da alles Gesellschaftliche bestimmt ist durch das kulturelle Gedächtnis. Dieses wiederum ist – durch die Kulturgeschichte – immer auch religiös geprägt. Nicht-Religiöse sind deshalb doch irgendwie von Religion beeinflusst, was oft meist gar nicht bewusst ist. Und auch wenn man heute von einer Säkularisierung in der Welt sprechen kann, so kann man keineswegs von einer säkularen Gesellschaft sprechen. Es sind schließlich auch viele Gläubige, die im Staat mitwirken. Von daher vertreten Philosophen wie Habermas[88] oder Taylor[89] inzwischen die Idee, dass das Ausblenden von religiösem Diskurs keine Lösung ist. Eine humane Gesellschaft kann ihrer Meinung nach nur aus der Kenntnis und Achtung aller vertretenen Anschauungen bestehen und bedarf einer Konsensbildung. Worum es in der betreffenden Gesellschaft geht und wie die Vorhaben in die Tat umgesetzt werden, kann nur unter Einbindung aller in die Entscheidungen vor sich gehen. Das ist, was Taylor – expressis verbis – unter **Brüderlichkeit** versteht. Auch er knüpft an die Humanisten an. Er betont, dass es für demokratische Gesellschaften unverzichtbar sei, im Diskurs miteinander herauszufinden, wie man auf welche Weise für gemeinsame Ziele (wie Freiheit, Gleichheit, Brüderlichkeit) arbeiten kann. Die Bürger müssen Wege finden, sich in ihren wechselseitigen Beziehungen mit Respekt zu behandeln, damit sie Schnittmengen dessen finden, was sie alle gemeinsam wertschätzen. Philosophische Ansätze wie zum Beispiel jene von Aristoteles oder Hannah Arendt haben schon immer gefordert, dass sich das Volk als eine beratende Einheit begreift, als politisches Gemeinwesen. Kein Grund also, sich dagegen zu wehren, diesen Diskurs modellhaft in der Loge zu praktizieren, um gestärkt in der Haltung in die Welt zurückzukehren.

---

[88] Habermas, Jürgen: Das Politische. In: Mendieta, Eduardo; VanAntwerpen, Jonathan (Hg.): Religion und Öffentlichkeit. Berlin 2011, S. 28 ff.

[89] Taylor, Charles: Für eine grundlegende Neubestimmung des Säkularismus. Ebd. S. 53 ff.

In den maurerischen Arbeitsformen begegnet man dem Konzept der Selbstsorge, d.h. ideengeschichtlich einer Jahrhunderte alten Tradition von Sozietäten (Geheimgesellschaften, Wissenschaftliche Gesellschaften, Polis, etc.), deren Mitglieder bestimmte Techniken bzw. Tugenden erwerben sollten, um für die Gemeinschaft nützlich zu sein. Sie wird im Ritual körperlich erfahren (Initiation, Symbole, Zeichen, Wort und Griff, …) nutzt den Raum des Rückzugs („Tempelarbeit"), eröffnet Chancen für Wissenserwerb (Vorträge), stärkt das symbolische Denken (Zeichnungen) und stellt als Gemeinschaft ein lebendiges Modell für die Gesellschaft dar. Will sich die Freimaurerei – ganz und gar im Sinne Andersons – so verstehen und greifbar am „*Tempel der Humanität*" arbeiten, dann wird die freimaurerische Arbeit unbequem und anstrengend. Denn das geht nicht unter Ausschluss von Religion und Politik. Auch die Vernunft zehrt von der Religion, weil diese immer in deren historischem Kontext entstanden ist und die Religion profitiert von den Möglichkeiten der Reflexion und kritischen Argumentation.
Ein Beispiel dafür sind die regelmäßigen obödienzübergreifenden Arbeitsthemen, die in den Logen der femininen Obödienzen bearbeitet, zu einer Synthese zusammengeführt, in einem internationalen Symposion vorgestellt und veröffentlicht werden – Themen wie Fundamentalismus, Migration, Armut oder das Thema Laizität. Aus diesen Arbeitsprozessen kommen die Schwestern mit neuen Sichtweisen und einer veränderten Haltung zurück.

Zwischenbilanz

Die UGLE ist ein mehr als 300 Jahre altes System mit einer symbolischen Sinnwelt, die in ihren Wurzeln noch einmal weitere dreihundert Jahre zurückreicht. Es wird auch heute noch mit Mitteln gestützt, die von den beteiligten Menschen selbst legitimiert wurden und immer noch werden. Die Konstruktion einer Regularität, d.h. das

Sich-Definieren und das Sich-Abgrenzen, stellt einen Vorgang mit hohem Energieaufwand dar, der bis heute aus einem imperialen Habitus gespeist wird. Das Existieren alternativer symbolischer Sinnwelten (auch wenn es nur irreguläre Freimaurer oder gar Freimaurerinnen sind) stellt zwar eine Gefahr dar, die immer wieder deutlich macht, dass die eigene Sinnwelt nicht wirklich zwingend ist, ist aber für das Selbstbild der UGLE und ihre Definition von Freimaurerei (noch) kein Problem. In einem Schaukasten in der Freemasons-Hall in London versammeln sich inzwischen Bijous der mittlerweile 31 deutschen Frauenlogen.

Entscheidende Schritte zur Klärung der Regularitätsfrage und den konkreten Umgang miteinander erfolgten in Deutschland zu Beginn des 20. Jh. 2002 wurde die damalige Großmeisterin der Frauen-Großloge von Deutschland[90] zum GL-Treffen der GL AFAM in Bremen-Vegesack eingeladen. In einem Arbeitsgespräch mit deren Großmeister und drei weiteren Vertretern wurde seitens der FGLD der Vorschlag gemacht, die Beziehungen unter den Freimaurerinnen und Freimaurern als eine Form kooperativer Koexistenz zu verstehen, und von beiden Seiten bestätigt. Das Treffen der Brüder diente der Aussprache innerhalb der AFAM zur Standortbestimmung der humanitären Freimaurerei und von der Einladung wurde Signalwirkung für die Freimaurerarbeit erwartet, denn, so hieß es in der regionalen wie auch überregionalen Presse, „*mit der Großmeisterin der Großloge zur Humanität .... wird erstmals auch eine Frau an den Vorträgen und Diskussionen teilnehmen*."
Da die Freimaurerei zu dieser Zeit in der öffentlichen Wahrnehmung mit erheblichen strukturellen Fragestellungen zu tun hatte (Männerbund, rituelle Gemeinschaft, Geheimbund ohne öffentlich sichtbare

[90] Helga Widmann

Wirkung etc.), wurden seitens der Brüder mit der Kontaktaufnahme auch entsprechende Hoffnungen auf neue Reputation verknüpft.[91]
Durch die Gespräche in Bremen aber ist die FGLD – historisch gesehen – in eine neue Phase im Umgang mit der Tradition getreten. Wie der GM, Br. Jens Oberheide, sagte, gehe es der GL AFAM um „Kooperation mit allen seriösen Gruppen."
Zu dieser Seriosität gehören Ernsthaftigkeit, Vertrauenswürdigkeit und gegenseitige Achtung der jeweiligen Bindungen. Das Wachsen in der Nische (siehe S. 10), verbunden mit dezenter Zurückhaltung einerseits, und die zunehmende Präsenz der FGLD in der freimaurerischen Landschaft andererseits, haben die deutschen Freimaurerinnen zu anerkannten Gesprächspartnerinnen im maurerischen Diskurs werden lassen.

Der Schock über die Anfang der 80er-Jahre so überraschend gewonnene Freiheit erweist sich rückblickend als glückliche Wendung für die Entwicklung der femininen Freimaurerei in Deutschland. Die Selbstständigkeit zwang zu Nachdenken und Forschung. Mit beträchtlichem Engagement erarbeiteten sich die Freimaurerinnen eigenes Wissen. Man begann, ähnlich der Arbeit von Archäologen, nach den Ursprüngen und ideellen Wurzeln zu graben, wo Aussagen von den Brüdern wenig überzeugend oder unvollständig schienen. Schritt für Schritt kam es über Rekonstruktionen der Inhalte, Begriffe und Ritualformen zu einer Überarbeitung und Reproduktion verschiedener Ritualelemente und damit zu einer Revitalisierung des maurerischen Brauchtums. Dabei war es auch wichtig, dass sich die Freimaurerinnen dem Gedanken einer liberalen und universellen Freimaurerei geöffnet haben. Vor allem aber war es wichtig und richtig, dass sie sich Autonomie erarbeitet haben, indem sie besonders Überzeugendes in der symbolischen und rituellen Arbeit geleistet haben. Die Freimaurerinnen teilen also heute, unabhängig von Regu-

---

[91] Vorträge und Redebeiträge dazu in: Humanität, Zeitschrift der A.F.u.A.M.v.D.

laritätsdebatten das maurerische Geheimnis mit angeblich regulär Initiierten. Ihre zentrale Erfahrung ist dabei nicht die eines Gesetzes, sondern die einer gelebten und erlebten maurerischen Praxis. Ihr Blick auf die UGLE sowie auf die sogenannte reguläre maskuline Freimaurerei ist ganz entspannt. „Regularität" ist in dieser Beziehung für sie kein Problem (mehr).
Jedoch stellen sich die Fragen von „Regularität" und „Zugehörigkeit" für die FGLD immer noch, allerdings inzwischen intern. Denn mit wachsender Logenzahl und mit der Annahme von Logen aus anderen Obödienzen in Deutschland muss auch überlegt werden, wie die vereinbarte Qualität gesichert wird, d.h. nach welchen Ritualen und mit welchen Zielsetzungen gearbeitet wird usw.

Die Illusion der Regeln und Gesetze

Soziologisch bzw. gruppenpsychologisch gesehen, verbergen sich viele versteckte Motive hinter der Sehnsucht nach institutioneller Bestätigung.
Es gibt deshalb etliche bedenkenswerte Überlegungen, denen sich ein System selbstkritisch stellen muss, um einseitige Tendenzen der Auslegung und Begründung zu vermeiden.

- Besitzt nicht Anerkennung einer Institution durch eine andere die tiefgreifende Funktion und Wirkung eines perlokutionären Sprechaktes, also einer sprachlichen Handlung, die auf eine Wirkung abzielt?

  Entsprechend der einschneidenden Wirkung auf die einzelne Person, wie sie z.B. bei Hochzeiten, Einschulung, Aufnahme u.a.m. zu beobachten ist, werden auch bei der Zuerkennung eines Konstitutionspatentes die Beteiligten in ihrem Selbstverständnis stark geprägt. Die verbale Zuschreibung von Eigenschaften (Statusfeststellung) verändert ihre Identität und setzt eine Reflexion über sich selbst und über die Welt (soziale Realität) in Gang: Wer sind wir nun? Was erwarten die anderen?

- Erliegt man nicht als Mitglied in großen, oft weltumspannenden Zusammenschlüssen sehr rasch der Illusion eines gemeinsamen Vorhabens?

Jedes Subsystem und darin jeder Einzelne hat das Gefühl, nicht allein zu sein mit dem eigenen Vorhaben. Dafür ist man leicht bereit, eigene Wünsche zu unterdrücken und sich der Gruppenautorität unterzuordnen. Man ist nicht gezwungen, Stellung zu nehmen und die eigene Position klarzustellen. Schließlich geht es ja theoretisch um eine gemeinsame Sache, bei der Zugeständnisse als Ausdruck uneigennütziger Haltung gewünscht sind. An dieser Stelle kommt der Verdacht auf, dass sich unter dem Deckmantel der Einhaltung eines Regularitätsanspruchs (vermutlich an vielen Stellen unbewusst) ein ganz anderes, wesentlich brisanteres Problem versteckt: der Wohlfühleffekt und mit ihm das Beharren.

Wie in allen sozialen Netzwerken kommt durch eine Gruppe die Illusion zustande, dass man mit allen in guten Beziehungen steht. Von dieser Vorstellung leben alle, die, verbunden mit bestimmten Ritualen (fester Termin, ähnlicher Ablauf, ...), sich als Schwestern oder Brüder treffen. Sie leben von der Illusion der gemeinsamen Arbeit, vom WIR-Gefühl. „*Wir haben heute Gästeabend*“, „*Wir planen eine Ausstellung*“, „*Wir feiern unser 300-jähriges Jubiläum*“, ... die Ausdrucksweise täuscht in der Regel über die Quantität und Qualität des eigenen Beitrags hinweg. Das gilt sowohl für die Mitgliedschaft in der einzelnen Loge wie auch insgesamt für die Mitgliedschaft in der sogenannten Weltbruderkette. Man muss ja für nichts, was man tut, die volle Verantwortung übernehmen. Viele edle Worte werden gewechselt, Schönheit umfängt die Anwesenden in Wort, Bild und Ton – die Loge ein unersetzbares Refugium im stürmischen Alltag, in dem wir uns heimisch fühlen. Das gibt man nicht so schnell auf.

- Und ist Regularität deshalb nicht auch eine Frage derjenigen, die die Zugehörigkeit suchen, die Anerkennung von einem anderen System, einer Institution brauchen?

  Kleine Systeme fühlen sich oft schwach, sehnen sich nach Sicherheit und eventuell sogar Schutz im großen Verband. Das mag in manchen Fällen existenznotwendig sein.

- Sind es nicht auch die Ämter und Hierarchien, die bei der Erstellung und Verwaltung einer Dachorganisation locken?

  Jede Institution besitzt über ihre Ämter ein Drehbuch für ein strukturiertes soziales Drama mit vorgeschriebenen Rollen[92], dessen immer wiederkehrende Aufführung für das weitere Bestehen der Institution sorgt – solange es Menschen tun. Tradiert wird in der Weitergabe an einen besonderen Personenkreis in formalisierten Initiationsriten.

- Verspricht schließlich ein Anerkennungsakt nicht auch gleichzeitig den Erhalt eigener Machtmittel?

  Macht ist ein wichtiges kulturelles Erbe und beruht auf gemeinsamen Übereinkünften von Gruppen. Regeln und Gesetze werden als so genannte Machtmittel gegeben und erwarten Gehorsam. Menschen akzeptieren Macht, denn Macht ist wichtig, damit Ordnung im Zusammenleben ge-

---

[92] Im Folgenden nach Berger, Peter L. und Luckmann, Thomas, a.a.O., S. 79, 91, 101.

währleistet ist. Macht ist unter diesem soziologischen Gesichtspunkt erst dann negativ, wenn es sich um Machtmissbrauch handelt.

Die Existenz von Großlogen ist eine Wirklichkeit, geschaffen durch Institutionalisierung und Prozesse der Legitimierung[93]. Wie Traditionen aller Art verkörpert auch sie eine Gedächtnis-Konstruktion, „die menschlichem Handeln und Erleben Richtung, Rechtfertigung und Sinn"[94] gibt. Die Schärfe ihrer Abgrenzung von anderen Systemen variiert und ist abhängig von der dahinter stehenden Wertewelt. Ziel jeder Abgrenzung voneinander ist Analogiebildung unter den Zugehörigen. Das gilt sowohl für den kleinsten Familienverband wie für die großen Nationen, für alle Körperschaften, darunter auch die maurerischen. Ihr Umgang miteinander ist theoretisch eine Frage der Vereinbarung, das Spannungsverhältnis untereinander wird erzeugt und geprägt von den jeweiligen Kräfteverhältnissen.

Regularität ist phänomenologisch kein Problem. Ebenso wie die Welt mit religiöser, ethnischer und kultureller Vielfalt versehen ist, stellt auch das freimaurerische Feld ein großes, vielfältiges kulturelles Kapital dar. Jede Obödienz, jede Lehrart ist ein Angebot.
Wenn etwas von jemand als regulär gesetzt wird, dann ist das im Prinzip eine Auflistung von Spielregeln, die innerhalb eines bestimmten Feldes sozialen Miteinanders Gültigkeit besitzen.
Systemtheoretisch hat jedes System die Freiheit, die Mittel seiner Erhaltungs- und Wirkungsmöglichkeiten selbst zu wählen. Alle Systeme können theoretisch miteinander Formen kooperativer Koexis-

---

93 Siehe dazu Berger, Peter L. und Luckmann, Thomas: Die gesellschaftliche Konstruktion der Wirklichkeit. Frankfurt 1998.

94 Assman, Aleida, a.a.O. S. 160.

tenz praktizieren, wie sie die beiden Großlogen AFAM und FGLD[95] als Modalität des Umgangs miteinander wählten.

Das Nachdenken über Regularität könnte deshalb an dieser Stelle enden. Es ist weder unsere Aufgabe, den Linksverkehr abzuschaffen, noch ist es unsere Absicht, Ressourcen für ein Problem zu verschwenden, das nicht lösbar ist. Aber es bleibt doch eine letzte Frage aus den „Basic Principles“ zu klären: „Wie hältst Du's mit der Religion und Politik in der Loge?“ Denn:

Zwischen uns ist Maurerei.

Am Beispiel des Regularitätsanspruchs der UGLE lässt sich aufzeigen, dass es nicht die Idee ist, die ein funktionierendes System schafft, sondern die Strategien der Macht und der Dauer.

Imperiale Zusammenhänge, einmal hergestellt, über Jahrhunderte mithilfe von Konstruktionen kollektiver Identität und kollektiver Gedächtnisse aufrecht erhalten, verschwinden nicht einfach. Sie wirken auch in transformierter Form weiter und bewahren die traditionellen Strukturen. Zweifel an tradierten Konzepten führen zu neuen Legitimationsprozessen vor sich selbst. So findet man heute in Deutschland die Freimaurerei unter den Vorgaben der britischen Regeln definiert als „Freundschaftsbund“[96] oder als „Anleitung zum Leben“[97] vor.

Freimaurerische Arbeit ist abhängig von den Menschen, ihrem zeitlichen Kontext und ihren Vorstellungen. Auch innerhalb der FGLD geht man noch zögernd mit der Möglichkeit um, die Zeichnungen als Entwürfe zu sehen, an denen man in Respekt vor den Worten der

---

[95] Bilaterales Gespräch, GM Br. Jens Oberheide (AFAM) und GM Sr. Helga Widmann (FGLD), Bremen-Vegesack Mai 2003.

[96] Höhmann, Hans-Hermann: Zwischen Aufklärung und Esoterik. Leipzig 2013, S. 47.

[97] Freimaurerei und Religion. Tagung QC Arbeitszirkel. Frankfurt am Main 2013.

Schwester mitwirken soll. Wer **erkennbar** an der Umsetzung des Ideals einer humanen Welt mitarbeiten will, muss andere Wege gehen, das Denken wagen.

Ernsthafte Prüfung der eigenen Rolle im großen Feld der Freimaurerei, der Rolle als ein Subsystem im übergreifenden System und der Mut zu eigenen Entwürfen hat bei den Freimaurerinnen zu neuen Prozessen geführt. Sie haben inzwischen ihren Ort und ihr Interesse und gehen gerade über in die vierte Generation. Sie kann angesichts der Entwicklung der Welt wieder neue Gestaltungsformen erproben und weiterschreiben an der Geschichte der Freimaurerinnen in Deutschland. An einer Geschichte und dem eigenständigen Ritualsystem der deutschen Frauengroßloge, deren Strategie der Dauer im Grunde aus einer „paradoxen Intention“[98] besteht. Nicht immer mussten sich die Frauen freiwillig genau dem stellen, wovor sie Angst hatten. Sie konnten aber immer wieder der Gefahr einer sich selbst bestätigenden Erwartungshaltung entgehen, indem sie sich absichtlich immer wieder dem aussetzten, von dem sie eigentlich unterdrückt werden sollten. So erhielten sie auch durch den Kampf um Anerkennung in Sachen Regularität viele Chancen, neue Perspektiven zu wagen, überkommene Einstellungen, unproduktive Fixierungen und Polarisierungen hinter sich zu lassen.

---

[98] Nach Frankl, Victor: Der Wille zum Sinn. München 1991, S. 185 ff.

IV Internationale Zusammenarbeit im CLIMAF

Formale Rahmenbedingungen

Die Frauen-Großloge von Deutschland ist Mitglied im CLIMAF (Centre de Liaison International de la Maçonnerie Féminine), einem freiwilligen Zusammenschluss von derzeit neun Frauengroßlogen in Frankreich, Belgien, Italien, der Schweiz, in Deutschland, Portugal, Spanien, der Türkei und Rumänien. Voraussetzung für die Mitgliedschaft in diesem eingetragenen Verein ist der Nachweis über die Einhaltung demokratischer Prinzipien innerhalb der Großloge, d.h. Gewaltenteilung in der Struktur (Legislative und Exekutive), die Durchführung mindestens einer MV im Jahr sowie die Bereitschaft zur Respektierung von Einzugsgebieten.
CLIMAF ist insofern keine den einzelnen Großlogen übergeordnete „Vereinigte Großloge", sondern geradezu per Statut dazu verpflichtet, sich keinesfalls in die inneren Angelegenheiten einer Mitgliedsgroßloge einzumischen. Umgekehrt kann jede Obödienz aber zielgebend und gestaltend mitwirken.

Zentrale Verwaltungseinheit des Zusammenschlusses ist das sogenannte „Bureau", das aus einer Vorsitzenden, Präsidentin genannt, einer zugeordneten Vorsitzenden, der Vizepräsidentin, einer Schatzmeisterin und einer Sekretärin besteht. Die gewählten Schwestern stammen immer aus verschiedenen Ländern. Sie kommen nach Bedarf auf Zuruf der Präsidentin zusammen.

Das gestaltende und zielgebende Organ des CLIMAF ist das „Conseil" (auf deutsch „CLIMAF-Rat" genannt), in dem die Schwestern des Bureaus, d.h. die Großmeisterinnen und die Delegierten der

Obödienzen regelmäßig zusammenkommen. Dieses Gremium von derzeit 18 Ratsmitgliedern plant gemeinsame Veranstaltungen, wählt die von den einzelnen Obödienzen eingereichten Jahresthemen zur Bearbeitung aus, bespricht Problemstellungen, Aufnahmeanträge neuer GL etc. Großen Gewinn ziehen die Vertreterinnen der Großlogen aus der Besprechung aktueller Entwicklungen in der freimaurerischen Landschaft und im Weltgeschehen, die dabei aus unterschiedlichen kulturellen und politischen Perspektiven auf ihre Bedeutung hin reflektiert werden.

Das „Assemblée générale", d.h. die jährliche Generalversammlung, ist offen für alle Schwestern der Mitgliedsgroßlogen. In gewohnter Weise werden dort Vereinsregularien abgearbeitet, Vorschläge aus dem Conseil, Eingaben und Anträge aus den Großlogen und aus der Schwesternschaft diskutiert, Berichte aus der Arbeit der Großlogen vorgetragen und Wahlen durchgeführt.

Nicht zum CLIMAF gehören die beiden Frauen-Großlogen in England, „The order of women freemasonry" und „The honorable fraternity of ancient freemasons".

Obwohl sie, wie die GLFF, bereits im 19. Jh. aus den gemischten Logen der Co-Freimaurerei in Frankreich hervorgegangen sind, unterhalten sie keine offiziellen Beziehungen zu den Freimaurerinnen auf dem Kontinent. Eine offizielle Begründung ihrer Zurückhaltung ist nicht bekannt, verschiedene Kontakte zu einzelnen englischen Schwestern fanden auf informeller Ebene statt. Das große Engagement der Britinnen liegt in der „Charity".

Außer bei der FGLD werden in den übrigen Großlogen die jährlichen Konvente (was in etwa den Jahreshauptversammlungen eines Vereins entspricht) in geöffneter Loge abgehalten. Die Großmeisterinnen der Frauengroßlogen des CLIMAF sowie die Delegierten und alle interessierten Schwestern aus den Obödienzen können dann am rituellen Abschluss dieser Konvente teilnehmen. Da es im europäischen Ausland weitere Großlogen (maskuline und gemischte) gibt, mit denen die Frauengroßlogen freundschaftliche Kontakte pflegen, sind auch diese eingeladen. Die Anwesenheit der vielen Schwestern und Brüder zu diesen Anlässen ermöglicht einen breiten Austausch und ist ein beeindruckendes Ereignis für alle Beteiligten. In der FGLD können nach deutschem Vereinsrecht die Vertreterinnen und Besucherinnen der anderen Großlogen an der gesamten Mitgliederversammlung teilnehmen, die auch nicht in geöffneter Loge, sondern in irgendeinem Versammlungsraum stattfindet. Eine Doppelmitgliedschaft in zwei verschiedenen Obödienzen ist bei entsprechend langem Aufenthalt in anderen Ländern möglich, jedoch unter Ausschluss doppelter Ämterausführung.

Die institutionellen Strukturen eröffnen folglich die Option, dass gegenwärtig ca. 19.000 Freimaurerinnen interkulturelle Begegnungen und Beziehungen pflegen können. Alle Schwestern können alle Logen in all den Ländern ohne Probleme besuchen, was zunehmend genutzt wird, da mehr und mehr Schwestern geschäftlich wie privat in Europa unterwegs sind.

Für CLIMAF ist die Stärkung der femininen Freimaurerei auch über Europa hinaus ein großes Anliegen. Es gilt, Neugründungen von Logen und Großlogen in Ländern zu fördern, wo es noch keine gibt. Die französischen und schweizerischen Schwestern sind sehr eifrig dabei, Logen z.B. in Griechenland, Kroatien, Bulgarien, Slovenien, Tschechien, Ungarn, Polen, Lettland und Dänemark zu gründen, aber auch in den USA, in Israel und selbst in Afrika (in Marokko, Togo, Guadeloupe, Kamerun, im Kongo, im Senegal ...) gibt es bzw. entstehen Frauenlogen.

Übergeordnetes Ziel ist es, auch diese Schwestern irgendwann selbständig arbeiten zu lassen, d.h. ihnen zu einer eigenen Großloge zu verhelfen.

Formal unterscheidet sich der Verband europäischer Freimaurerinnen nicht wesentlich von anderen, allgemein üblichen internationalen Verbänden mit Freundschaftsabkommen. Man besucht sich, stellt Andersheit fest, vergleicht, kategorisiert und urteilt, ganz in der Tradition des universalistischen Denkens, wie es sich seit der Renaissance in ganz Europa verbreitet hat, und weiß um eine Zusammengehörigkeit im Hintergrund. Man arbeitet gemeinsam „*am* Tempel der Menschlichkeit" und die vielen Steine, die von den Beteiligten bearbeitet und dann in den Bau eingefügt wurden, ergeben ein Ganzes. John Milton hat dies 1644 in seiner Rede vor dem Parlament in England wie folgt formuliert:

> *„Wenn die einzelnen Steine zusammengelegt werden, dann fügen Sie sich nicht kontinuierlich aneinander, sondern stoßen aufeinander. Nicht alle Teile dieses Doms haben dieselbe Form, im Gegenteil besteht die Vollkommenheit darin, dass aus vielen moderaten Variationen und Unähnlichkeiten, sofern sie nicht grob aus der Proportion geraten, eine angenehme und anziehende Symmetrie entsteht, die das ganze Gebäude auszeichnet."*

Rituelle und symbolische Bedingungen

Aufgrund ihrer Entstehungsgeschichte arbeiten die acht Frauen-Großlogen im CLIMAF überwiegend mit dem historischen Ritual des „Rite écossais ancien et accepté". Es gibt darüber hinaus aber auch Logen, die mit dem Rite Français, dem Rite d'Adoption oder

sogar mit dem Emulationritual arbeiten. Bei diesen Ritualen handelt es sich um sogenannte „historische“ Rituale, d.h. um Vorlagen, die sich relativ klar zu ihren Wurzeln zurückverfolgen lassen und jeweils eine stringente „Lehrart“ verfolgen. Sie werden manchmal als „kontinentale Tradition“ bezeichnet, was bedeutet, dass ihre Entstehung etwa ab Mitte des 18. Jh. in Frankreich und kurze Zeit später in Deutschland zu verorten ist.
Im Rahmen dieser Ritualvielfalt vertritt die Frauen-Großloge von Deutschland eine Außenseiterposition, da sie nach einem eigenen, auf der Entwicklung des deutschen AFAM-Rituals der Nachkriegszeit beruhenden Ritual arbeitet. Damit hatten die europäischen Schwestern anfangs große Schwierigkeiten, wie auch mit der Tatsache, dass die deutschen Freimaurerinnen an den ihnen in die Hände gelegten Ritualvorlagen der Brüder weiter bastelten. Inzwischen ist dieser sogenannte Sonderweg der deutschen Freimaurerinnen zu einem bereichernden Ritualerlebnis für die Schwestern aus den anderen Obödienzen geworden und Ausgangspunkt für ritualtheoretische und ritualpraktische Fragen untereinander.

Angesichts des breiten Spektrums unterschiedlichster Rituale, wie sie von den europäischen Frauengroßlogen verwendet werden, taucht natürlich die Frage nach dem Minimalkonsens als Merkmal von Zusammengehörigkeit auf. Er ist im CLIMAF so gehalten, dass jeder Obödienz das Recht auf die Entfaltung eines eigenen Charakters zuerkannt sowie maximale Freiheit für Ritualentwicklung eingeräumt wird. Nach den Statuten des CLIMAF muss

- in den drei Graden Lehrling, Geselle, Meister,
- unter Verwendung der Bausymbolik
- sowie der beiden Säulen J und B
- im geschützten Raum gearbeitet werden,
- Winkel und Zirkel sind als zwei der drei Großen Lichter zu verstehen.

Die wenigen Punkte bieten jedoch trotzdem eine umfassende und sichere Orientierung, denn die drei Grade als Grundlage stellt die interkulturelle Begegnung auf gleicher Ebene sicher. Alle weiterführenden Grade oder Rituale mit Mysteriencharakter gelten als Formen der „*Luxurierung*", d.h. als geistige Konstruktionen, die durch Adaptation esoterischer Strömungen hermetischer, alchemistischer, spiritualistisch-okkultistischer, mystischer, theosophischer oder christlich-kabbalistischer Provenienz ungewohnte und historisch interessante Spekulationen erlauben, die aber andererseits die in den drei Graden enthaltene Kernsymbolik keinesfalls als defizitär degradieren dürfen. Wer glaubt, in sogenannten „*höheren*“ Graden irgendwelche tieferen „*Erleuchtungen*“ erhalten zu können, darf daran glauben, sie jedoch nicht in die Diskussion um Daseinsberechtigung oder Bedeutung der jeweiligen Lehrart stellen.

Mit dem Stichwort „Bausymbolik“ richtet sich bei allen, wenn auch nur am Rande, der Fokus auf das Handwerk, auf die Entwicklung von Fähigkeiten, auf das Tun als anthropologischer Grundkonstante und auf eine daraus resultierende Ethik des Handelns, die sich dem Ideal eines gerechten und freiheitlichen Umgangs der Menschen untereinander verpflichtet fühlt.
Ziel ist für alle Freimaurerinnen die Verwirklichung einer Utopie, die Vorstellung vom Bauen am „Tempel der Menschlichkeit“ als symbolischer Hoffnungsträger für eine kosmopolitische, friedliche, wirtschaftlich gesunde und gerechte Welt. Die Abkopplung der Symbole aus Lichtkulten, aus Mystik und Mythos etc. verhindert den Streit um die richtige Lehrart. Egozentrischen Vervollkommnungsphantasien wird ein Platzverweis erteilt. Gemeinsames Ziel aller ist die gesellschaftliche Veränderung, die Umsetzung der Utopie einer besseren Gesellschaft, abgebildet in den Symbolen des Bauens.

Die beiden Säulen J und B (Jachin und Boas) verweisen mit der Übersetzung aus dem Hebräischen ikonographisch auf „Festigkeit“

und „Stärke“. Beiden Tugenden werden bis heute Menschen zugeschrieben, die eine Stütze für andere oder eine gemeinsame Sache darstellen. Sie stellen in der Emblematik als zwei Säulen häufig ein Portal dar, z.B. im bekannten Frontispiz in Francis Bacons Schrift „Novum organum scientiarum“ („Neues Werkzeug der Kenntnisse“), d.h. einen Ort der Transformation, der Weg in eine neue Welt. In vielen biblischen Erzählungen dienen die beiden Säulen als gewaltiges und beeindruckendes Bild von den großen Anstrengungen der Menschheit, wobei sich Aufbau und Niedergang abwechseln. Mit dieser grundlegenden europäischen Deutung wird der Streit, welche der beiden Säulen dem Norden oder Süden, Lehrlingen oder Gesellen zugeordnet sein muss, obsolet, da beide Tugenden als zusammengehörig zu sehen und anzustreben sind.

Die Freiheit, nur Winkel und Zirkel als verbindliche Große Lichter zu benennen, wird dem Anspruch von Alterität gerecht und damit der Tatsache, dass es verschiedene Wege zur Wahrheit gibt. Sie verlangt von jedem, mithilfe dieser beiden Prüf- und Konstruktionswerkzeuge selbst danach zu suchen, wovon unsere Kriterien für die Arbeit an der Menschlichkeit abgeleitet werden können, woher wir Maßstäbe beziehen. Gebunden an die demokratischen Prinzipien aus den Statuten des CLIMAF werden in den Ritualen von daher auch andere symbolische Gegenstände, wie z.B. die Bibel als Erfahrungsbuch der Menschheit oder christlicher Ethik, die Staatsverfassung (das Grundgesetz) oder eine Logenordnung, aber auch beispielsweise der Maßstab als drittes Symbol vernunftgeleiteter Suche nach ethischer Orientierung verwendet.

Mit solchen, auf eine höchst mögliche allgemeine Aussage reduzierten Leitvorstellungen werden Reflexions- und Handlungsräume geöffnet. Sie dienen nicht der Verwaltung und Festigung institutioneller Traditionen, sondern machen die Freimaurerei zu einer Art „Open-Space“. Bei aller Unterschiedlichkeit gibt es gemeinsame Ziele und

Ideale, aber unendlich viele Möglichkeiten, sie in der Welt umzusetzen. Der geschützte Raum bietet Sicherheit, sich reflektierend mit den Leitvorstellungen zu beschäftigen und dafür einen gemeinsamen Ort zu haben, wo man dann ungeschützt seine Gedanken äußern und ohne turbulente Ablenkungen der Außenwelt auch ganz bei sich sein kann.

Methodische Vorgehensweisen

Notwendig für diese Art des Arbeitens auf internationaler Ebene ist eine Infrastruktur, die in inhaltlicher Offenheit eine große Zahl von Menschen freiwillig zur Bearbeitung von komplexen Themen unter möglichst vielen Perspektiven zusammenbringt und diese möglichst selbstverantwortlich und selbstorganisiert ihren Weg finden lässt.
Seit vielen Jahren organisiert CLIMAF in diesem Sinne eine gemeinsame Bearbeitung von Themen, die den Freimaurerinnen besonders am Herzen liegen. Sie können von jeder Schwester, jeder Loge und jeder Obödienz vorgeschlagen werden.
Die im Conseil ausgewählten Themen werden zur Bearbeitung in alle Logen gegeben, die Rückmeldungen in der Regel von der Großrednerin einer Obödienz gesammelt und zu einer Synthese zusammengefügt, die wiederum, zusammen mit den Synthesen aus den anderen Großlogen dem Kolloquium zur Verfügung gestellt werden. Zum Kolloquium, auch „Tag der Reflexion" genannt, werden alle Schwestern aus Europa eingeladen. Je nach Land und Bedarf wird an den Tagen des Kolloquiums in Arbeitsgruppen an einer Vertiefung oder Ergänzung von Einzelaspekten des Themas gearbeitet, andere Tage haben eher den Charakter einer Tagung mit Fremdreferentinnen aus zugehörigen Fachbereichen und betonen stärker die landes- und kulturabhängigen Problemstellungen.

Auch diese Ergebnisse fließen wieder zu Synthesen zusammen, die zurück in die Obödienzen und einzelnen Logen gegeben werden.
Das Bureau und die Verantwortlichen der Großloge, die das Kolloquium ausrichten, bilden dabei zusammen eine Art Steuergruppe, die die Voraussetzungen dafür schafft, dass CLIMAF sein Ziel verwirklichen kann. Das heißt, für seine Mitglieder

> *„einen Raum der Reflexion, des Austausch zu schaffen und dabei den Blick auf gemeinsame Maßnahmen zu richten, um die Werte der universellen Freimaurerei im Allgemeinen, der Freimaurerei von Frauen im Besonderen und die der Demokratie zu fördern.“*

Ausgehend von der tiefen ethischen Überzeugung, dass jeder Mensch in seiner einzigartigen Besonderheit Respekt verdient, geht es bei diesen Arbeitsprozessen nicht um ein einheitliches Programm von oder für Frauen, sondern um das gemeinsame Ausloten von Wirksamkeit jeder einzelnen Frau, in der Loge, in der Großloge und in der Gesellschaft.
Wie sich beim Rückblick auf die vergangenen Jahre zeigt, handelt es sich deshalb vor allem um gesellschaftspolitische Fragen mit einem direkten Bezug zur Stellung der Frau in der Gesellschaft und der Rolle von Freimaurerinnen, wie der Rückblick auf das 21. Jh. zeigt:

- **Frauen in Europa und anderswo denken zusammen die Welt (2000)**
- **Nehmt Platz, meine Schwestern – Frauen in Europa und anderswo, nehmt zusammen Platz (2002)**
- **Frauen und Freimaurerei in Europa: Schicksalsgemeinschaft und Verantwortung (2003)**
- Frauen, Fundamentalismus und Laizität (2004)
- Frauen und Migration (2006)
- Frauen und Armut (2008)

- Weibliche Werte und sozialer Fortschritt (2010)
- Welchen Baustein kann die weibliche Freimaurerei in die europäische Gemeinschaft einbringen? (2011)
- Weitergabe (2012)
- Laizität (2014)
- Frauen und Freimaurerei im 21. Jahrhundert (2016)
- Alterität (2017/18)

Manches Mal ergibt sich aus der europaweiten Bearbeitung eines Themas konkreter Handlungsbedarf. Beispielsweise wurde 2011 festgestellt, dass die Gleichstellung von Mann und Frau nicht in der europäischen Verfassung steht. Hier kann der CLIMAF-Rat und dann stellvertretend das Bureau tätig werden und geeignete Maßnahmen ergreifen, ein Anliegen gesellschaftlich wirksam umzusetzen – was in diesem Fall mit Erfolg geschah.

Die transformative Kraft der Mitwirkung durch teilnehmende Erfahrung

Jeder Mensch macht in der eigenen kulturellen Lebenswelt sogenannte Grunderfahrungen, da er die Fähigkeit besitzt, aus den Sinnesdaten, die er sammelt, Erkenntnisse zu ziehen, damit seine Erlebnisse zu Erfahrungen zu machen und durch weitere Grunderfahrungen gestützt und gefestigt zu werden.
Mit einer neuen Grunderfahrung eröffnen sich neue Erfahrungsräume und wir gewinnen neues Bewusstsein, denn die Welt erschöpft sich nicht in dem, was wir schon erfahren haben. Die Voraussetzung dafür ist Teilnahme und Teilhabe.

Nur wer das Wagnis eingeht, z.B. trotz aller Bedenken wegen fehlender Sprachkenntnisse, kann in der interkulturellen Begegnung die

Erfahrung von Alterität machen, gewohnte Denkmuster verlassen und von neuen ergriffen werden.
Ziel ist nicht das gegenseitige Verstehen oder das Benennen von Gemeinsamkeiten und Differenzen, sondern das lebendige zeitweise Hineingelangen in andere kulturelle Grunderfahrungen, wobei jedes Mal die Grunderfahrung der eigenen Kultur auf dem Spiel steht. Das Fremde stellt uns selbst in Frage und fordert uns zur Antwort auf. Wir erkennen in der Erfahrung des Anderen unsere eigene Prägung durch das, was wir „unsere Welt" nennen, d.h. durch unsere Kultur. Interkulturelle Begegnung geht über das Gegebene hinaus. Wir werden über uns hinausgeführt, wir transzendieren, getragen von der uns umgebenden Wirklichkeit. Besonders da, wo wir unsere Grunderfahrung nicht mehr begründen können, bricht das Gewohnte ein, muss rückwirkend uminterpretiert und in ein neues Licht gerückt werden. Im interkulturellen Bereich kann dies bereits durch eine ungewohnte Essgewohnheit in Gang gesetzt werde. Es kann gelingen, wenn die Menschen nicht nur ihre verschiedenen Horizonte in eine gemeinsame Erfahrungssituation einbringen, sondern umgekehrt als Ich und Anderer mit neuen Erfahrungen und handlungsrelevanten Ergebnissen aus einer solchen gemeinsamen Erfahrungssituation herausgehen.

Unter diesen Aspekten ist der Charakter der CLIMAF-Treffen als eine Art experimenteller Denklaboratorien sehr dienlich, denn fertige, voll artikulierte Strukturtheorien, spezielle Designs oder Pläne oder gar allgemeine Maßstäbe, nach denen man vorgehen muss, liegen nicht vor. Vielmehr treffen verschiedene Standpunkte und Teilwahrheiten aufeinander, die auf lokalen Erfahrungen und Ressourcen beruhen. Sie bilden allein durch ihre Anhäufung eine Quelle für die Produktion von Wissensräumen, d.h. für einen Prozess der Vereinigung jenes Wissens, das mehr oder weniger zufällig durch die aktuellen Mitarbeiter zustande kommt.

Das Produkt einer derartigen kollektiven Praxis ist standortabhängig, ungewiss und sehr durcheinander in der Praxis, ad hoc, uneinig und mit fehlenden allgemeinen Maßstäben. Als kollektives Werk kann es während der Veranstaltungen zu geteilten Lösungen und Kompetenzen kommen, in denen Theorie und Praxis integriert sind und keine strenge Grenzen zwischen Wissenschaft und lebenspraktischer Erkenntnis gezogen werden.

Die experimentelle Praxis des interkulturellen Miteinanders eröffnet diese Erfahrungssituationen, in denen ein Gemeinschaftsgeist entsteht, aus dem die Beteiligten in der Regel mit Aufbruchsstimmung herauskommen. Sie ist eine Methode, um neuen Boden zu gewinnen, den Anspruch auf das Wissen, was stimmt und was gilt, zu hinterfragen und – um mit Bruno Latour zu sprechen:

> *„einen Moment inne(zu)halten und Verfahren an(zu)wenden, um nach anderen Sensoren zu suchen, mit denen wir unsere Werkzeuge neu kalibrieren können. Damit wir wieder fühlen, wo wir sind und wohin wir vielleicht wollen. Wir garantieren jedoch für nichts. Es handelt sich um ein Experiment.“*

In der Zusammenarbeit mit den europäischen Frauenlogen lassen sich die Experimente vor allem durch den Umstand erleichtern, dass sie auch hier ihr ureigenstes Framing benutzen: das Ritual, das letztendlich das gemeinsame Dritte ist, worin sich alle wiederfinden können.
Der performative Charakter des Rituals lässt bei den Treffen eine neue, internationale Wirklichkeit im geschützten Raum entstehen. In den einführenden Dialogen werden, wie in jedem freimaurerischen Ritual, die Bedingungen genannt, unter deren Verbindlichkeit die folgende Zeit in einem geschützten Rahmen steht. Unter diesen für alle bekannten Rahmenbedingungen kann die sogenannte Öffnung

der Loge erfolgen, d.h. jener Akt, über den das Alltagsmoratorium erreicht wird. Frei von allen Zwängen der gesellschaftlichen Stellung, der Herkunft, des Glaubens etc. begegnen sich die Anwesenden von Angesicht zu Angesicht. Die geöffnete Loge ist der Raum für die Öffnung des Antlitzes des Gegenübers. Der Andere ist keine Gefahr. Losgelöst von den Eindrücken der Welt, kann man anders wahrnehmen, aufnehmen.
Diese Ebene der Begegnung ist mehr als Kommunikation. Unabhängig davon, ob man die Sprache des besuchten Landes versteht oder nicht, sind es doch die wesentlichen rituellen Elemente, die Menschen einander anders begegnen lassen. Es ist ein offenes Antlitz, das aus jeder anderen zu mir spricht. Ungeschützt steht man einander gegenüber in seiner ganzen Verletzlichkeit, nur noch Mensch. Es braucht keinen Schutz mehr, wenn das gemeinsame Dritte die Verbindung untereinander herstellt. Der Philosoph Walter Benjamin hat diesen Anblick des Anderen ohne Schutz einen auratischen Moment genannt, d.h. einen Moment, der eine Stimmung erzeugt, in der Andersheiten dennoch aufeinander eingestimmt werden.

Anders als in den meisten deutschen (Männer-)Logen üblich, findet bei den Freimaurerinnen der anderen Obödienzen während der geöffneten Loge eine „Mitwirkung am Entwurf" statt, d.h. jede Schwester kann den anderen gegenüber ihre Position eröffnen, entfalten, freilegen. Es entsteht ein Raum der Intersubjektivität. Was untereinander gesprochen wird, bleibt untereinander.
Der französische Philosoph Emmanuel Levinas nennt eine solche Situation der direkten Begegnung „das Einbrechen des Anderen", das uns mit etwas konfrontiert, das vom Gewohnten abweicht, mit Staunen, manchmal auch mit Erschrecken. Mein Denken wird vom anderen überrascht, löst sich von mir selbst und führt mich über mich hinaus. Ich merke auf.

Das Andere spricht mich an, bevor ich das Wort erhebe. Es holt mich aus mir heraus und ruft zur Antwort auf. Levinas versteht jedoch unter dem Ansprechen und Antworten nicht das Verschmelzen zu einer neuen Einheit und stellt damit radikal in Frage, dass Normen und Werte als Grundlage von Ethik dienen. Das Ethische liegt in seinem Sinne vielmehr darin, auf Fremdes einzugehen, mitzugehen, sich mitnehmen zu lassen. Der Andere bleibt ein anderer, letztendlich unzugänglich, wie es im Begriff der Alterität enthalten ist. Damit ist eine andere Art des Denkens beschrieben. Sie zeigt sich in der Situation.

Die absolut unterschiedlichen Meinungen prallen aber auch nicht wie in einer Diskussion aufeinander, sie wollen sich nicht gegenseitig Konkurrenz machen, sondern sind vom Bemühen geprägt, gemeinsam eine Sache zu klären und eine Einstellung dazu zu finden. Auch hier spielt der rituelle Habitus eine Rolle. Man spricht mit den Füßen im rechten Winkel stehend. Das verbindet alle Sprechenden unter dem Willen, in ihren Gedanken und Worten den rechten Winkel anzulegen, d.h. nach Gerechtigkeit und Wahrhaftigkeit zu streben. Die Hand ist im Halszeichen. Dabei geht es nicht darum, bei Verrat die Kehle durchgeschnitten zu kriegen, sondern um die Anwendung des gutturalen Prinzips, einem Zeichen der Verantwortung, die man beim Sprechen hat, nämlich auch die Worte mit dem rechten Winkel zu prüfen.

Die aufrechte Haltung, die man dabei einnimmt, verkörpert eine Haltung der Aufrichtigkeit oder Wahrhaftigkeit. Sie lässt versteckte Redeabsichten nicht zu. Aus dieser Haltung heraus ist Miteinander in anderer Qualität möglich.

Denn aufrecht steht der Mensch auch, um um sich zu schauen, sich in der Welt zu orientieren und auszurichten. Es ist die Haltung des Suchenden, die Haltung eines Menschen, der achtsam ist auf das, was ihn umgibt. Sie verleiht Würde. Da alle beim Sprechen diese Haltung einnehmen, haben Selbstdarstellung und Rechthaberei keinen Spielraum mehr. Wer sich zu Wort meldet, dem geht es um das gemeinsame Anliegen, auch wenn man anderer Meinung ist als andere Redner.

Viele CLIMAF-Kolloquien finden inzwischen auch öffentlich, das heißt, auch nicht mehr im Rahmen der geöffneten Loge statt. Auffallend ist, dass sich der im Ritual erworbene Habitus der Mitwirkung dennoch zeigt.

Die Phase des gegenseitigen Diskutierens über Unterschiede ist meist ein Einstieg. Das Gespräch mündet dann in die Frage ein, wie man zwar differenziert, aber einig über die freimaurerische Grundsätze, zu fähigen Zukunftsperspektiven kommen kann.

Wobei jeder weiß, dass kein Schlusspunkt gefunden werden *muss*, kein Konsens. Nichts ist in Stein gemeißelt, auch nicht die Bedeutung von Idealen. Jede neue Erfahrung relativiert die alte.

Mitwirkung ist immer nur ein Zwischenstand, Teilnahme an einer ständig neuen Standortsuche – ein radikales Nachdenken, um immer besser voraus denken zu können.

Wie stark die Mitwirkung durch die körperliche Erfahrung im Ritual auch das Verhalten im Alltag prägt, wird deutlich, wenn man die Logenarbeit als eine Methode begreift. Sich ausprobieren, frei aussprechen im geschützten Raum, das macht Lebenskraft aus: die Menschen entwickeln sich, stehen erfahrungsgemäß in der Welt anders da und es entsteht etwas Geistiges in der Gruppe, das über die Einzelne hinausreicht.

Wer sich diese neue, über sich selbst hinausgehende Perspektive erarbeitet hat, kann sie auch überall in der Welt einnehmen. Menschen begegnen einem genug, sie sind immer schon da, wo wir hinkommen.

Babel ist kein Fluch, sondern das Glück des Denkens

Vom Denkansatz her lässt sich Freimaurerei im internationalen Verband durchaus als universalistisch erleben, d.h. man hat den Eindruck, dass alle Menschen im Kern irgendwie gleich sind und Unterschiede deshalb prinzipiell eine Bereicherung darstellen. Der Begriff der „allumfassenden Menschenliebe" zeigt auf, dass theoretisch alle Menschen zu Brüdern und Schwestern werden können.

Das entspricht kulturhistorisch dem jüdisch-christlichen Bezugsrahmen, in Folge den humanistischen Strömungen, den Gedanken der Aufklärung und den Denkweisen und Versprechen des säkularisierten 21. Jahrhunderts. Der Individualismus spielt dabei die Rolle eines „Basiskulturstandards"[99], der sich philosophisch wie ein roter Faden von der Antike bis in die Gegenwart zieht. Allusionen auf Bibelstellen in den Ritualtexten können diesbezüglich als markante Bezugsquellen freimaurerischer Arbeit geltend gemacht werden. Im Sinne eines solchen universalistischen Denkens ist die Überzeugung, dass es auch allgemein menschliche Gemeinsamkeiten gibt, unabhängig vom jeweiligen kulturellen Kontext. Jürgen Habermas nennt es im 20. Jh. die *„Einheit der Vernunft in der Vielheit der Stimmen"*.[100]

Aus einer derart universalistischen Haltung heraus entstand die Idee einer gemeinsamen Verständigungskultur und die Logen in aller Welt in ihrer „weltumspannenden Kette" scheinen dieser Ansicht zu folgen.

Allerdings bleibt bei einer solchen Verdichtung trotzdem vieles vom Anderen unberücksichtigt, die Vielfalt erstickt im Keim, weil sie scheinbar gleich macht, die wirkliche Begegnung mit dem Fremden findet nicht statt. Vorschnell wird oft eine Verwandtschaft im Geiste

---

[99] Schroll-Machl, Sylvia: Die Deutschen – Wir Deutsche: Fremdwahrnehmung und Selbstsicht im Berufsleben. Göttingen 2016, S. 221.

[100] Habermas, Jürgen: Einheit der Vernunft in der Vielheit der Stimmen. In ders.: Nachmetaphysisches Denken. Frankfurt 1992.

deklariert, die sich bei genauerem Hinsehen selbst der Chance beraubt, die Unterschiede wahrzunehmen, die vielen anderen Möglichkeiten, Mensch zu sein und zu denken. Dieser Gefahr muss man sich immer bewusst sein.

Für die Schwestern aus den verschiedenen Obödienzen gibt es aus diesem Grund immer wieder im Rahmen von CLIMAF auch Gelegenheit, das Leben als Freimaurerin im jeweiligen Land zu schildern, das individuelle und kulturelle Lebensfeld sichtbar zu machen.
Französische Freimaurerinnen gehen zum Beispiel bei Bedarf auch oft erkennbar demonstrierend auf die Straße, die Spanierinnen proben trotz Katholizismus im Land einen viel freieren öffentlichen Umgang mit der Freimaurerei, als man sich das im allgemeinen vorstellt.
Die Schweizerinnen kommen dagegen sehr nahe heran an die deutsche Zurückhaltung, ja sie übertreffen sie sogar an manchen Stellen. Die Erzählung einer Freimaurerin aus Afrika räumt dagegen komplett auf mit den europäischen Vorstellungen von der Freimaurerei und kann durchaus die eigenen Grundfeste erschüttern.

Die internationalen Kolloquien des CLIMAF können als eine Hochform maurerischer Begegnung bezeichnet werden – sie heißen nicht umsonst „journées de réflexion". Und wer sich zur gemeinsamen Arbeit als einem Ort des Innehaltens trifft, wird im Geiste eine Stätte der Erinnerung mitnehmen, die Begegnungen und den geistigen Austausch zu seinen Memoiren zählen dürfen und für sich eine länder- und grenzübergreifende Identität als Freimaurerin entdecken.
Es muss nicht betont werden, welche Wirkung man der gemeinsamen Arbeit im Grunde so ganz nebenbei auf die Professionalisierung der Freimaurerin als Bürgerin zuschreiben darf.

Vernetzung als Modell

Die europäischen Freimaurerinnen bilden institutionell gesehen ein Netzwerk offener Kooperation. Innerhalb dienen die Großlogen zwar jeweils als Fix- und Organisationspunkte, das eigentliche Netzwerk besteht jedoch aus dem Netz der Logen als Räumen individueller und lokaler Erfahrung sowie den Räumen des gemeinsamen Reflektierens in interkulturell-kollektiver Praxis. Die Philosophie, Platon vorweg und nicht zuletzt Hannah Arendt, ist immer noch und immer wieder aufs Neue überzeugt davon, dass gerade unter kontrollierten Rahmenbedingungen in einem Praxismoratorium, d.h. im Rückzug aus dem Alltag, Einsichten zur Verbesserung zukünftiger gesellschaftlicher Praxis gewonnen werden können. Imre Kertés[101] fordert, dass eine lebensfähige Gesellschaft ihr Wissen, ihr Bewusstsein von sich selbst und von den eigenen Bedingungen wach halten muss.

Der Biologe und Philosoph Andreas Weber[102] nennt es Enlivement, wenn er davon spricht, dass nur das Andere – eine andere lebende Gegenwart – dem eigenen Selbst Leben spenden kann.

Der Migrationsforscher Mark Terkessidis[103] spricht von Kollaboration und meint damit *„eine Zusammenarbeit, bei der die Akteure einsehen, dass sie selbst im Prozess verändert werden und diese Wandel auch begrüßen.*"

Für den Soziologen Hartmut Rosa[104] ist es der Begriff der Resonanz, für Teilhard de Jardin[105] die Noosphäre, eine Phase der geistigen Entwicklung, in der die Menschheit zu einem Geist zusammenwächst.

---

[101] Kertész, Imre „Gestorben um leben zu dürfen" Rede aus Anlass des Erhalts des Literaturnobelpreises 2002 an der Schwedischen Akademie.

[102] Weber, Andreas, „Enlivenment. Eine Kultur des Lebens" Versuch einer Poetik für das Anthropozän. Berlin 2016.

[103] Terkessidis, Mark: Kollaboration. Berlin 2015.

[104] Rosa, Hartmut: Resonanz. Berlin 2016.

[105] De Jardin, Teilhard: Der Mensch im Kosmos. München 2018.

Sobald man diese Form einer Gesamtanschauung erkannt hat, gibt es kein Zurück mehr zur alten Betrachtungsweise und man muss die Fokussierung auf sich selbst, ja sogar ein Stück „Selbst“ aufgeben.

Das CLIMAF ist dazu, wie alle Netzwerke, immer eine experimentelle Zwischenstation, die einerseits den Status zu erhalten trachtet, andererseits durch Performanz eine entwicklungsoffene Struktur besitzt, in der ständig neue Formen entstehen können. Interkulturalität wird als wechselseitige Korrektur, als neue Interpretation des Gewohnten, als Erneuerung empfunden. Das bedeutet für das „Erkenne dich selbst" viel mehr als nur die Erkenntnis eigener Anlagen und Bedürfnisse. Es fordert auf, den starren Blick von der egozentrisch ausgerichteten individuellen Entwicklung auf eine neue Qualität zu richten, erreichbar in Prozessen experimenteller und kollektiver Praxis – überall auf dieser Welt, mit allen Menschen, die dies auch wollen.
Mitarbeit in einer Loge, Großloge und international – und das heißt mehr als nur besuchende Teilnahme an rituellen Arbeiten – kann dabei zu einer Quelle ganz neuer Erfahrung werden.

Das Anliegen des CLIMAF basiert auf einer derart verstandenen Haltung von Interkulturalität. Sowohl die verschiedenen lokalen Kulturen wie auch die unterschiedlichen rituellen Kulturen werden als Welten verstanden, die den Menschen als kulturelles Wesen prägen. Durch den Austausch und das Gespräch können sie auf ihre jeweiligen Grundphilosophien aufmerksam werden und sich wechselseitig bei der Verwirklichung der freimaurerischen Ziele, vor allem der Menschlichkeit, helfen. Die Frage von „Regularität“ entlarvt sich dabei als reine Machtfrage und wird unter dem Konzept von Alterität und Andersheit obsolet.

V Freimaurerinnen und Öffentlichkeit

Präsenz ist nicht gleich Relevanz

Die Geschichte der femininen Freimaurerei in Deutschland hat gezeigt, dass die Freimaurerinnen in den ersten 50 Jahren im öffentlichen Diskurs von verschiedenen gesellschaftspolitischen Prozessen und Entwicklungen stark vereinnahmt wurden und sich dabei vor allem im Spannungsfeld von Gleichstellungspolitik und Feminismus befanden.
Wer in den 50er-Jahren über Freimaurerinnen spricht, sind Presseleute. Sie präsentieren diese quasi-sensationell.[106] Das ist verständlich aus dem Kontext der allgemeinen Berichterstattung in der Nachkriegszeit, die das große Engagement der Frauen in dieser Phase honoriert. Danach spielen die Freimaurerinnen aber in der großen Öffentlichkeit zunächst einmal keine Rolle mehr.

Neues Interesse erwacht, als der gesellschaftspolitische Diskurs infolge der aktuell gewordenen „Cultural Studies“ in den 70er-Jahren sein Augenmerk auf Teile der Gesellschaft richtet, die sich in ihren Zielen und Bräuchen in wesentlichen Punkten von der umgebenden Gesellschaft unterscheiden. Erforscht wird das Eigenleben dieser Teilgesellschaften. Unter genau diesen Aspekten geraten die Freimaurerinnen ganz nebenbei in den Fokus vereinzelter ethnologischer, religionswissenschaftlicher, und soziologischer Forschungsarbeiten.
Unter der Vorstellung einer Subkultur werden die langsam wachsenden Frauenlogen als eine in sich geschlossene Teilkultur verortet,

---

[106] Lanik, Monika: **Freie Bürger und Freimaurerinnen: Lokalpolitik am Ende des 20. Jahrhunderts. Berlin 2003.**

d.h. als Teil der umfassenderen und nicht-öffentlichen Teilkultur der Freimaurerei.
So ist der Einblick in diese *„geheime“* Subgesellschaft ein begehrtes Ziel der Berichterstattung. Er bedient, weit über das Interesse der feministischen Debatte hinausreichend, durch *„geheimnisvolle“* Rituale verschiedene Bedürfnisse des New Age und garantiert der Presse, durch das allgemein wachsende Bedürfnis nach Spiritualität, in der Regel immer öffentlichkeitswirksame Reportagen.

Insgesamt ist die Existenz von Frauenlogen auch heute noch interessant unter gesellschaftswissenschaftlichen und historischen Aspekten.
Erst kürzlich (2017) wurden die Freimaurerinnen im Rahmen einer Ausstellung über Freimaurerei im Hauptstaatsarchiv in Stuttgart zum Gegenstand historisch-frauenpolitischer Forschung[107] und verschiedene Exponate aus der Reutlinger Frauenloge zu einem wichtigen Bestandteil der Gesamtpräsentation.

Angesichts ihres eigenen Stils, der sich im äußeren Erscheinungsbild sowie über eine Sprache, die sich durchaus auch auf einen „gender subtext“ hin untersuchen lässt, werden die Freimaurerinnen inzwischen unter dem Aspekt der Gleichheitspolitik eingeordnet. Von daher sind sie sowohl für sich selbst wie auch für den Männerbund ein wichtiger dokumentarischer Beweis dafür, dass und wie Gleichberechtigung und Gleichstellung auch im Rahmen einer klaren Geschlechtertrennung möglich ist.

Mit der Entwicklung des digitalen Fortschritts eröffneten sich in den ersten beiden Jahrzehnten des 21. Jahrhunderts für die Freimaurerinnen neue Optionen und Dimensionen der Außendarstellung. Man

---

[107] Grünert, Regina: Freimaurerei – ReineMännersache? In: Gelebte Utopie. Auf den Spuren der Freimaurer in Württemberg. Stuttgart 2017, S. 36 ff.

könnte es als einen Weg zur Präsenz im Selbstbild bezeichnen, also als eine Art Selbst-fashioning und damit einen Weg, der sein Profil gerade durch Abgrenzung erhält. Das zeigt sich bei den regelmäßigen öffentlichen Auftritten der Frauenlogen an Gästeabenden, bei Interviews, auf den Webseiten ihrer Logen, in Flyern und Informationsschriften. Sie dokumentieren sich selbst als ein fester Bestandteil der universellen freimaurerischen Landschaft. Wer spricht, sind nun in der vierten Phase ihrer Geschichte vermehrt Freimaurerinnen als Einzelpersonen. Einzelne Schwestern sind die Informanten, ihre Wertungen aufgrund subjektiver Erfahrungen lenken den Außenblick.

Diese stark individuell geprägten Aussagen bei öffentlichen Gelegenheiten helfen dabei, den Verschwörungstheorien über freimaurerische Subkulturen als Gegenkultur zur Gesellschaft entgegenzusteuern. Gerade dadurch, dass Freimaurerinnen nicht mit einer Stimme sprechen, wirken sie in der subjektiven Darstellperspektive, die Spielräume der individuellen Deutung bietet, sehr authentisch.

Zusammenfassend lässt sich sagen, dass die medialen Inszenierungen, Berichte von Logengründungen, Exponate im Rahmen von Ausstellungen, die Beschreibungen des Logenlebens usw. exemplarisch die Kontinuität im Handeln und Denken der Freimaurerinnen sichtbar werden lassen. Nun gibt es parallel zur Geschichte der Freimaurer eine Geschichte der Freimaurerinnen. Darin kann man die Entstehung, Durchsetzung und Veränderung von sozialen Mustern wahrnehmen, die Lebens-, Denk- und Äußerungsweisen von Frauen wiedergeben und man erlebt diese Frauen als Handelnde.

Durch den Vereinsstatus hat jede Frauenloge auch einen Ort im lokalpolitischen Geschehen. Dazu gehören u.a. die Gästeabende, die einen Eindruck davon vermitteln wollen, was hinter der femininen Freimaurerei steckt. Es sind lokale Ereignisse für einen beschränkten

Personenkreis. Mehr Breitenwirkung besitzen die Ankündigungen von Veranstaltungen der Logen in der lokalen Presse, Berichte über Veranstaltungen und Tagesereignisse wie z.B. Logenjubiläen und einige wenige Rundfunk- oder Fernsehbeiträge. Sie erreichen jedoch außer Freunden und Bekannten in der Regel nur Zufallsleser.
Gemessen am Habermas'schen Begriff von „*Öffentlichkeiten als intersubjektive Verständigungsgemeinschaften, die ein gesamtgesellschaftliches Bewusstsein artikulieren können*"[108], sind es allenfalls Teilöffentlichkeiten, die von der Öffentlichkeitsarbeit der Freimaurerinnen erreicht werden.
Das sind in der Regel

- einzelne Bürger oder Bürgerinnen einer Stadt oder Region,
- einzelne kultur- und wissenschaftsinteressierte Menschen
- und schließlich der kleine Kreis jener Frauen, die sich für eine aktive Teilhabe am Logenleben interessieren.

Gemeinsame öffentliche Auftritte von Freimaurerinnen und Freimaurern, wie beispielsweise bei den großen Veranstaltungen im Jubiläumsjahr der UGLE, dem Senatsempfang in Hamburg (Mai 2017) oder der zentralen Jubiläumsveranstaltung der deutschen Freimaurer in Hannover (September 2017), nehmen den Leitgedanken der Gleichstellungspolitik wieder auf. Sie öffnen den lokalpolitischen Wirkungskreis und machen deutlich, dass es auch seitens der Brüder ein handlungsleitendes Interesse für die Wahrnehmung der Freimaurerinnen in der Öffentlichkeit gibt. Die Existenz von Frauenlogen legitimiert den Männerbund.
Das erhöht die Öffentlichkeitswirksamkeit für beide Seiten, wenn beispielsweise der Vertreter der UGLE bei seiner weltweit übertragenen Ansprache zum 300-jährigen Jubiläum der nicht-operativ arbeitenden Freimaurerlogen direkt unter dem Emblem der FGLD zu

---

[108] Siehe Habermas, Jürgen: Der philosophische Diskurs der Moderne. Frankfurt 1991, S. 434 f.

sehen ist, das gleichberechtigt neben den Emblemen der VGLvD-Mitglieder abgebildet ist. Und wenn sich dann noch zum „Gruppenbild mit Dame“ schon rein optisch der Vergleich der Frauenanteile mit der großen Weltpolitik aufdrängt, kann man darin schon einen Meilenstein für die Wahrnehmung der kooperativen Koexistenz von Frauen- und Männerlogen im 21. Jh. sehen.[109]

Wen solche Darstellungen aber tatsächlich erreichen und welche Wirkung die Wahrnehmung dieser Botschaft auf nichtfreimaurerische Leser und Zuschauer hat, ist noch nicht untersucht worden.

Aus der Innenperspektive kann man zu dem zufrieden stellenden Ergebnis kommen: Freimaurerinnen können zu Beginn des 21. Jh. von der Öffentlichkeit wahrgenommen werden, sie sind präsent. Doch

- anhand der Ergebnisse aus teilnehmender Beobachtung, die man mithilfe von kritisch-konstruktiver Rollendistanz auch im Rahmen der Selbstforschung einsetzen kann[110],
- mithilfe von Evaluationen über die Aussagekraft der Außendarstellung (auch wenn sie von der Größe her nicht repräsentativ sein mögen) und
- im Verband mit eigenen systemspezifischen Erfahrungen, d.h. durch die Vertrautheit mit den internen Gegebenheiten und ihren Problemen,

komme ich zu der weiterführenden These:

Sie sind zwar präsent, aber für die Öffentlichkeit nicht relevant!

---

109 Siehe Abb. 1 und 2 auf S. 119.

110 Vgl dazu auch Lanik, Monika: Freie Bürger und Freimaurerinnen. Lokalpolitik am Ende des 20. Jahrhunderts. Berlin 2003.

Öffentlichkeit und Geheimnis

Öffentlichkeit, das ist der Bereich des gesellschaftlichen Lebens, in dem Menschen zusammenkommen, um Probleme zu besprechen, die in politischen Prozessen gelöst werden sollen. In diesem frei zugänglichen, d.h. „öffentlichen Raum“[111] soll Meinungsbildung möglich sein, ungestört durch Zensur oder andere Barrieren. Gemeint ist nach Habermas die Zivilgesellschaft als ein Netzwerk für Kommunikation von Inhalten und Stellungnahmen.
Hannah Arendt betont, dass Relevanz entsteht, wenn sich Menschen hinter einer Idee scharen, sich mit anderen zusammenschließen und im Einvernehmen miteinander handeln.
Danach müsste man sich in einer vertiefenden Analyse fragen: Wie wichtig sind denn die Freimaurerinnen und ihre Arbeit bzw. ihre Beiträge

- für die Nutzer der Medien?
- für die Zuhörer bei Vorträgen?
- für die Besucher von Ausstellungen?
- für die Gesellschaft?
- für die Stadt?
- für die Geschichte?

Können sie denn Menschen überzeugen, sich ebenfalls für diese großartige geistige Bewegung zu interessieren, die nachweislich entscheidend mitgewirkt hat an der Konstruktion unseres freiheitlichen und demokratischen Gesellschaftsmodells?

Kann die Öffentlichkeit wahrnehmen, welche Vorteile die Mitarbeit in einer Loge gegenüber der Mitgliedschaft in anderen Vereinigungen auszeichnet?

---

[111] Arendt, Hannah: Vita activa oder Vom tätigen Leben. Stuttgart 1960.

Können Leserinnen und Leser ersehen, welchen konkreten Nutzen die freimaurerische Arbeit für den Einzelnen und für die Gesellschaft hat?

Entlang dieser Fragestellungen ergibt sich Textkritik. In den Vorträgen, in Flyern, auf Webseiten, den Hashtags auf Instagram, Facebook und Twitter lasse sich – so die Rückmeldungen von Befragten – zwar das Bedürfnis und Bemühen der Autorinnen ablesen, etwas über Maurerei mitzuteilen, es würde jedoch häufig im gleichen Atemzug als unsagbar deklariert und die eigentliche Absicht somit ad absurdum geführt.
Fehlende oder unscharfe Beschreibung wie zum Beispiel: „*…im Tempel werden mit Hilfe von Symbolen und rituellen Handlungen ethische Werte und menschliche Ideale zum Erlebnis gebracht*“ würden weder Voraussetzungen benennen, die interessierte Frauen mitbringen sollten, noch enthielten sie eine klare Botschaft über irgend ein erkennbares Alleinstellungsmerkmal der freimaurerischen Arbeit. Während der Hinweis auf das Geheimnisvolle wohl noch vor wenigen Jahren ein lockender Motivationsfaktor zur Mitarbeit war, weisen vor allem junge Frauen darauf hin, dass Aussagen wie „*man kann nur selbst erleben, was Freimaurerei ist*“, keine Grundlage bildeten für eine freie und vernünftige Entscheidung. Im Grunde würden die ausweichenden Antworten alte Verschwörungstheorien in abgemilderter Form weiterhin bedienen. Eine Studentin sprach kürzlich die Empfehlung aus:

> *„Machen Sie doch einfach nur eine ruhige Startseite mit den Worten: ‚Freimaurerei? Kommen und entdecken Sie selbst! Der nächste Gästeabend … Anmeldung unter‘.“*

Ähnliches zeigt die Analyse des zughörigen Bildmaterials. Es finden sich fast ausnahmslos zahlreiche Bilder mit inszenierter Symbolik und Personendarstellungen nach dem Motto: Gesicht zeigen. Beides

wird in der durchaus lauteren Absicht gepostet, verschwörungstheoretischem Denken und Vorurteilen entgegenzuwirken.
Totenköpfe, geheimnisvoll sich öffnende Türen etc. bedienen aber weiterhin das alte Klischee. Vergleicht man Gruppenbilder in der Presse oder im Internet mit Bildern anderer Vereinigungen von Frauen, ist kein Unterschied zu sehen.

Sehr beeindruckt zeigen sich Gäste und Interessierte von den Themen und der Gesprächskultur an den öffentlichen Abenden. Sie erleben die Loge als Chance einer besonderen Art der Herstellung von Wissen, das gerade durch Nicht(!)übereinstimmung entsteht, durch Formulieren, was so noch nicht gesagt wurde, durch Argumente, die stehen bleiben zum Weiterdenken und Durchzweifeln. An guten Abenden spüre man, so die Rückmeldungen von vielen Gästen, das Genießen von Unterschiedlichkeit im Wissen darum, dass sich bei entsprechend langer Ausdauer oft ganz überraschend völlig neue Erkenntnisse ergeben.

Gerade deshalb wird immer wieder große Unzufriedenheit darüber geäußert, dass diese Leistungen der Logen, der einzelnen Frauen, ihr differenzierender Gedankenreichtum und die Ergebnisse ihrer geistigen Zusammenarbeit nirgendwo sichtbar werden. Sie sind unsichtbar für viele andere Menschen, die dadurch unter Umständen auch bewegt würden, Mitglied in dieser freiheitlich denkenden und lebenspraktisch orientierten Gesellschaft zu werden. Man lese zwar, so das Fazit einer Besucherin, dass *„Freimaurerinnen den Ist-Zustand immer wieder in Frage stellen möchten und Verbesserungen anstreben, wo immer diese möglich sind*“, aber solche abstrakten Aussagen seien wenig motivierend, da man als Interessierte ja gerade zuerst einmal konkrete Anregung suche.

Die Selbsterkenntnis für mich als Freimaurerin lautet: die reine Präsenz, das Bekenntnis zu Werten reicht nicht, wenn z.B. wahrgenommen wird, dass Freimaurerinnen zwar intensiv über Aufklärung reden und sich auf diese beziehen, nichts aber davon sichtbar wird, wie man dies unter den aktuell realen Bedingungen zumindest beispielhaft *praktizieren* könnte.

Das heißt, die wohlgemeinte und zeitgemäße Präsentation freimaurerischer Arbeit hat noch keine verständliche Sprache für die Öffentlichkeit gefunden. Es fehlt eine alltagstaugliche Übersetzung der oft rätselhaften, unscharfen und diffusen Begriffe und Erläuterungen, mit denen versucht wird zu beschreiben, worum es in der Freimaurerei geht – einem Unternehmen, dessen rituelles Geschehen ein vom Alltag und der Öffentlichkeit abgesondertes performatives Handeln und insofern per se ungeeignet ist, irgendwie schriftlich oder gar in Bildern öffentlichkeitswirksam dargestellt zu werden.

Wie eine Anfrage bei der ZEIT vor kurzem zeigte, spielt sogar gegenwärtig immer noch der Ruf der Freimaurer als „geheimer Männerbund" die entscheidende Rolle für eine erfolgsorientierte Berichterstattung. Grund dafür, so die Antwort der Redaktion, seien die permanenten Hinweise brüderlicher Interviewpartner auf den Ausschluss des anderen Geschlechts aus ihrer Arbeit. Und gerade dieser Widerspruch zur Genderbewegung mache die Sache eben interessant.

Schlussfolgerung

Der Medienbeobachter, Kommunikationsberater, Analyst, Web-Experte und Software-Entwickler Michael Matern formuliert es prägnant: „Wer in der digitalen Öffentlichkeit Relevanz haben will, redet nicht übers Unternehmen, sondern über Themen, die die Öffentlichkeit interessieren.“[112] Was die Menschen interessiert, ist nicht irgend ein Selbstbild, sondern das sichtbare Bauen. „Gute Arbeit“ zeigt sich.

Hannah Arendt sieht im Zugang zum öffentlichen Bereich und in der Beteiligung an Regierungsgeschäften den Wesenskern der Freiheit. Sie setzt den Wunsch nach Freiheit dem Wunsch gleich, ein politisches Leben zu führen. Das heißt bei ihr: Beteiligung an politischen Prozessen, denn eine politische Stimme zu haben heißt, von anderen gehört, erkannt, erinnert und respektiert zu werden.

Für das Unternehmen Freimaurerei ist es also durchaus nicht nur eine freiheitliche Option, sondern unter Begriffen wie Freiheit oder Menschlichkeit vielmehr geradezu eine unhintergehbare Aufgabe, sich der Lebenswirklichkeit zu stellen. Das versteht sogar Wikipedia unter Freimaurerei und vermeldet unter dem Begriff Öffentlichkeit:

> *„Ab Mitte des 18. Jahrhunderts wurden Themen der öffentlichen Debatte durch den Einfluss der Aufklärung zunehmend politischer und sozialkritischer.*
>
> *Orte dieser neuen Öffentlichkeit in europäischen Städten waren Theater, Salons, Kaffeehäuser, Lesegesellschaften und Freimaurerlogen.*
>
> *Hier trafen sich Vertreter des Bildungsbürgertums in einer Sphäre „bürgerlicher Öffentlichkeit, unabhängig und zum Teil in Opposition zu den Formen der Öffentlichkeit, die*

---

[112] https://twitter.com/unicepta_news/status/938358900906176512 [2019-08]

sich im absolutistischen Ständestaat etabliert hatten, nämlich dem Fürstenhof und der Kirche."

Die Loge wird zu einer Körperschaft politischer Natur, indem sie vernehmbar über öffentlichkeitsrelevante Angelegenheiten nachdenkt. Gerade mit dem Gebot, sich in den Logen nicht über Politik zu *streiten*, könnte man der Öffentlichkeit zeigen, dass es nicht um richtig und falsch geht, wie bei den Parteien oder Religionen. Logen könnten Beispiel dafür sein, dass Gruppen mit einem gemeinsamen Wertehorizont durchaus nicht mit einer Stimme sprechen müssen, sondern differenziertes Denken zum Ausdruck bringen können und dies als eine geistige Fähigkeit sehen, die Mächte und Zwänge aufdeckt, die den selbständigen Gebrauch des Verstandes einschränken oder verhindern.

Schauberg schreibt schon 1861 im „Vergleichenden Handbuch der Symbolik der Freimaurerei[113]":

> *„Wir werden gut thun zu bedenken, dass in unserer Zeit der wachsenden Oeffentlichkeit selbst Dasjenige, was wir in geschlossener Loge vornehmen, auch der Kenntniss der nicht maurerischen Welt auf die Dauer sich kaum entziehen kann, dass man den grössern Theil unserer Formen, Uebungen, Ausdrucksweise bereits kennt, dass dieses kein Unglück, sondern eine Aufforderung ist, unseren Arbeiten einen desto würdigern Charakter zu erhalten und alles Dasjenige aus unsern Logen zu entfernen, was einem einsichtigen und unbefangenen Beobachter zweideutig, zwecklos oder kindisch erscheinen muss."*

---

[113] Schauberg, Jos.: Vergleichendes Handbuch der Symbolik der Freimaurerei, mit besonderer Rücksicht auf die Mythologieen und Mysterien des Alterthums. Schaffhausen 1861. https://www.deutschestextarchiv.de/book/view/schauberg_freimaurerei01_1861?p=5 [2022-01]

Gleichermaßen können die Freimaurerinnen heute aus den Ergebnissen ihres selbstreflektierenden Forschens heraus die Motivation entnehmen und einen Plan, eine Art Handlungsrahmen entwerfen, wie sie eine starke und aufgeklärte Haltung, die sie gemeinsam erarbeitend in der freimaurerischen Arbeit entwickeln, zum Wohle aller wahrnehmbar werden lassen könnten.
Für eine relevante Wahrnehmung in der Öffentlichkeit reicht und zählt, das hat die Analyse gezeigt, eben nicht nur die Zugehörigkeit zu einer bestimmten geistigen Ausrichtung. Ausschlaggebend ist vielmehr die Art des Umgangs dieser Vereinigung mit den Fragen und Problemen unserer Zeit – mit Religion, Fundamentalismus, mit Alterität, mit Friedenspolitik, mit Konfliktbewältigung, mit der Umwelt, mit den Veränderungen im Wissen und in der Technik, mit der Rolle von Humanität, Aufklärung und Ethik usw.

Soll das große Versprechen der freimaurerischen Vereinigung, „*Wir bauen am Tempel der Menschlichkeit*" nur annähernd wahr- und ernst genommen werden, wird es notwendig sein, die bewusste Teilnahme am zivilgesellschaftlichen Prozess unseres Landes und weltweit als angewandte Ethik zu zeigen.
Die Debatte um gesellschaftliche Prozesse kann nur weitergeführt werden, wenn es zivilgesellschaftliche Akteure gibt, die sie in Gang setzen, die der Debatte vorangehen, sie unterstützen, sich dabei vernetzen, die die Debatte in die Gesellschaft tragen, Podium sind, kurz gesagt: politisches Bürgertum – auch und gerade die Freimaurer und Freimaurerinnen.
„Change in mindset" (Umdenken) gehört zur Grundstruktur eines guten und erfolgreichen Unternehmens. Eine funktionierende Öffentlichkeit ist grundlegend für eine überlebensfähige Demokratie, denn in ihr findet die (politische) Meinungsbildung statt.
Die Medien als Teil der Gesellschaft und als Öffentlichkeitsforum spielen heute eine neue Rolle, denn sie werden von eben dieser Gesellschaft selbst gemacht, indem Individuen sie in Gebrauch nehmen und Öffentlichkeit selbst herstellen.

Auch die Freimaurerinnen sind also *selbstgestaltend und damit selbstverantwortlich* Autoren der Bilder, Texte und Handlungen, die sie *für die Fremdwahrnehmung produzieren* und sie müssen etwas dafür tun, dass sie als eine Vereinigung wahrgenommen werden, die nicht nur „*im* Tempel" „*über* den Tempel" spricht, sondern „*am* Tempel der Menschlichkeit" baut.

Abb. 1: Widmann
Abb. 2: https://www.boell.de/de/2016/10/06/die-gruppe-der-zwanzig-g20-auf-einen-blick [2022-01]